나의 딸,
나의 삶

나의 딸, 나의 삶

초판 1쇄 발행 2022년 2월 14일

지은이 홍득표
펴낸이 장길수
펴낸곳 지식과감성#
출판등록 제2012-000081호

교정 양수진
디자인 정윤솔
편집 이건영
검수 김우연, 윤혜성
마케팅 고은빛, 정연우

주소 서울시 금천구 벚꽃로298 대륭포스트타워6차 1212호
전화 070-4651-3730~4
팩스 070-4325-7006
이메일 ksbookup@naver.com
홈페이지 www.knsbookup.com

ISBN 979-11-392-0324-0(03810)
값 12,000원

- 이 책의 판권은 지은이에게 있습니다.
- 이 책 내용의 전부 또는 일부를 재사용하려면 반드시 지은이의 서면 동의를 받아야 합니다.
- 잘못된 책은 구입하신 곳에서 바꾸어 드립니다.

지식과감성#
홈페이지 바로 가기

나의 딸, 나의 삶

홍득표

딸을 앞세우고 깨달은
좋은 아빠 되는 길과
삶과 죽음을 고찰한 철학서

시작하며

　나는 슬하에 두 딸을 두었다. 그런데 불행하게도 2019년 5월 사랑하는 둘째 딸(YJ)이 내 곁을 영원히 떠났다. 딸의 죽음은 내 삶의 본질을 송두리째 뒤흔들었다. 자식을 잃는 것은 세상에서 가장 큰 슬픔이며 감내하기 힘든 고통이었다. 딸이 너무 불쌍했다. 너무 슬펐다. 너무 힘들었다. 앞이 캄캄했다. 기가 막혔다. 딸이 보고 싶고 그리워서 미칠 것 같았다. 딸을 지키지 못했다는 죄책감에 시달려 죽고 싶었다.

　내가 무슨 큰 죄를 지었길래 이런 불행한 일이 나에게 일어났느냐고 운명을 저주했다. 내가 이렇게 박복한 사람인가? 나에게 왜 이런 끔찍한 일이 일어났는가? 내 팔자가 이다지도 드세단 말인가? 내가 얼마나 기구한 운명을 타고났기에 이런 고통과 시련이 닥쳤는가? 나만 혼자 이렇게 큰 슬픔을 겪고 있는 것은 아닌가? 나는 자식 농사에 실패한 무능한 아빠인가? 왜 누구는 오래 살고 누구는 일찍 세상을 떠나는가? 삶과 죽음을 어떻게 받아들여야 하는가? 많은 의문이 생겼다.

　딸을 잃은 지 몇 년이 지났는데도 슬픔, 고통, 우울, 원망, 통한, 분노, 절망, 좌절, 울분, 비애, 충격 등의 감정은 사라지지 않았다. 특히 딸을 앞세웠다는 죄의식이 나를 너무 괴롭혔다. 또한, 딸의 생전에 잘해주지 못한 것만 새록새록 떠올랐다. 그러면서 하늘나라에 있는 딸을 위해서 내가 해줄 수 있는 것이 무엇이 있을까 곰곰이 생각해봤다. 하지만 딱히 손에 잡히는 것이 없었다. 천주교 신자인 아내는 딸의 연(煉)미사를 몇 년째 매주 봉헌하고 있으며, 매일매일 딸의 영혼을 위해서 열심히 기도하고 있다. 하늘나라에 있는 딸을 위해서 엄마가 할 수 있는 최선은 미사와 기도라고 생각한다. 신앙이 없는 나는 딸의 영원한 평화와 안식을 열심히 빌고 있지만, 아직 미사의 의미에 대한 확신이 서지 않는다. 고심 끝에 딸의 짧았던 생애 전반을 기록으로 남기자고 마음먹었다.

첫째 이유는 아빠와 딸이라는 천륜을 맺기 시작해서 사별할 때까지 딸에 관한 이야기 전반을 정리하고 싶었기 때문이다. 딸과 관련된 모든 자료를 살펴보고 기록하면서 딸에 대한 추억도 회상하고, 그 과정에 사랑하는 딸을 추모하고 넋을 기리는 기회로 삼으려는 것이다.

둘째, 딸에 관한 글을 쓰면서 참회와 속죄의 시간을 갖고 싶었기 때문이다. 딸이 살아있을 때 좋은 아빠가 되려고 노력했지만, 결과적으로 딸을 지키지 못한 실패한 아빠가 되고 말았다. 자식을 잃는 평생 씻을 수 없는 비극을 맞았다. 나는 무능하고, 무책임하고, 형편없고, 있으나 마나 한 그렇고 그런 아빠였다는 자괴감에 빠지지 않을 수 없었다. 그래서 나의 부끄러운 민낯을 솔직하게 고백하면서 딸에게 용서를 구하고 반성의 기회를 가지려는 것이다.

셋째, 죽을 만큼 힘든 고비를 견뎌내는 과정과 경험을 다른 사람들과 공유하고 싶었기 때문이다. 나는 서하지통(西河之痛)을 직접 겪은 당사자다. 나의 슬픈 감정이나 이야기를 마음속에 가둔 채 세상에 내보이지 않거나 남들과 나누지 않으면 혼자 감당하거나 스스로 해소하기가 어려울 것 같았다. 자식이 내 곁을 떠난 그 순간 나는 모든 것을 다 잃어버렸다는 상실감과 잎이 다 떨어진 나무의 그루터기 신세가 되어 삶에 대한 절망감에 휩싸였다. 외딴섬에 혼자 갇혀있는 것 같았다. 허무주의를 벗어날 수 없었다. 자식의 죽음이 스트레스 지수 1위라는 연구결과도 있다. 그 여파로 공황장애 증상이 나타나 극심한 고통에 시달렸다. 아직도 완전하게 벗어나지 못했다.

　햄릿(Hamlet)의 독백처럼 "사느냐, 죽느냐"의 갈림길에 서는 지경에 이르렀다. 나를 일으켜 세울 방법을 찾지 않으면 금세 무너질 것 같았다. 어둠 속을 박차고 나와야 하는 너무 절박한 상황이었다. 엎친 데 덮친 격으로 딸이 세상을 떠나고 1년 후에 막내 여동생조차 유명을 달리하는 가슴 아픈 일이 일어났다. 여동생이 죽고 1년 반 만에 건장하던 생질이 갑자기 또 하늘나라로 떠났다. 2년 반 사이에 집안에 상사(喪事)가 세 번이나 잇따랐다. '테스형'의 노랫말처럼 "세상이 왜 이래, 왜 이렇게 힘들어"란 탄식이 절로 나왔다. 가족을 앞세운 태산 같은 고통과 슬픔 속에서 죽음의 파도를 뛰어넘을 방법을 찾아 헤매지 않을 수 없었다. 가까스로 힘든 고난과 시련을 견뎌내는 길을 발견했다. 그 경험을 나누고 싶은 것이다.

　그런데 막상 책을 출간하려고 하니 고민에 빠지지 않을 수 없었다. 주저했던 가장 큰 이유는 하늘나라에 있는 딸이 이를 어떻게 받아들일지 우려되었기 때문이다. "아빠 왜 이런 책을 냈어요?"라고 원망하지 않을까 두려웠다. 그리고 딸의 명예를 조금이라도 손상하는 결과를 초래하면 어쩌나 염려스러웠다. 죽은 딸을 위해서 내가 할 수 있는 일이라고 생각한 것이 오히려 딸에게 누가 될지 모른다는 걱정이 앞섰다.

그리고 아내가 반대했다. 딸의 죽음을 주위에서 모르고 있는데 세상에 굳이 광고할 필요가 있느냐고 반문했다. 안타깝지만 집안의 비극은 남들 모르게 평생 우리 가슴속에 묻고 조용히 살아가자고 하였다. 집안의 치부를 들추는 것은 부끄러운 일이라는 의견에 일리가 있었다. 공연히 긁어 부스럼을 만들 필요가 없을 것 같았다. 자칫하면 이 책이 자식을 잃은 아빠의 하소연이나 넋두리에 지나지 않을 것 같다는 기우도 있었다.

하지만 개인적인 이해득실이나 집안의 사정을 떠나 다음과 같은 두 가지 이유에서 망설임을 접었다. 무엇보다 실패한 아빠의 민낯을 드러내는 것이 어쩌면 자녀를 키우고 있는 부모들의 교육에 조금이라도 도움이 되지 않을까 생각했기 때문이다. 나는 교사를 양성하는 사범대학에서 교수로 재직하면서 스스로 교육전문가라고 생각했다. 그러나 결과적으로 나는 자식 농사를 제대로 짓지 못했다. 실패한 아빠의 고백이 자식의 성공을 바라는 많은 부모에게 정말 중요한 것이 무엇인지 시사점을 발견하는 기회를 제공하고 자녀교육의 지침서가 될 거라고 보았다. 나의 실패를 반면교사로 삼아 뼈에 사무치는 불행을 예방하는 데 보탬이 되었으면 좋겠다는 기대도 했다. 더 나아가 좋은 아빠, 성공한 아빠, 존경받는 아빠, 능력 있는 아빠가 되는 데 조금이라도 참고가 되길 바랐다.

다음으로 죽을 만큼 힘들었던 내 생애 최악의 위기를 극복하는 과정과 경험을 많은 분들과 공유하는 것이 의미 있는 일이 될 것이라고 기대했기 때문이다. 법정 스님은 『무소유』에서 "옛날 사람들은 고전에서 인간학을 배우고 자신을 다스리고 높이는 공부를 했다"고 말했다. 나는 참척(慘慽)을 이겨낼 수 있는 길을 고전에서 찾기로 다짐하고, 불경과 성경 그리고 동서양 고전을 꺼내 들었다. 고전에 나타난 선현들의 지혜와 깨달음을 통해서 인생에 대한 통찰, 삶의 본질, 삶과 죽음의 의미 등에 관하여 다시 한번 깊게 고찰하는 기회가 되었다.

　내가 살아있는 동안 상명지통(喪明之痛)에서 완전하게 벗어날 수는 없겠지만, 고전에서 마음을 다스리는 길을 발견하였다. 덕분에 쓰러지기 직전의 처절한 위기에서 벗어나 내가 살아야 할 목표와 희망을 찾게 되었다. 나는 선현들이 '인생이란 본래 이런 것이다'라고 깨달은 명제(命題)를 받아들이면서 단장지애(斷腸之哀)를 견뎌낼 수 있었다. 선현들의 삶과 죽음에 대한 이해(understanding)가 힘든 고비를 넘기는 방어기제(defense mechanism) 역할을 한 셈이다. 개인의 슬픔과 고통이란 미시적인 문제를 '삶과 죽음의 본질'이라는 거시적 명제로 상쇄하는 일종의 이이제이(以夷制夷) 전략을 활용한 것이다. 애통한 개인적인 감정을 인생의 본질이라는 거대 담론으로 녹이려고 한 것이다. 부처님은 "행복과 불행은 인간의 관념"이며, 화엄경(華嚴經)에 "일체유심조(一切唯心造)"라고 하지 않았던가?

　자식을 앞세운 절망 속에서 쓰러지기 직전의 나를 간신히 추스르고 새로운 희망과 꿈을 키우는 과정을 이해하며, 나의 처지에 공감하여 위로받는 분이 생긴다면 정말 보람찬 일이 될 거라고 기대했다. 그리고 자식을 앞세운 슬픔과 고통 이외의 다른 시련 때문에 힘겨워하는 분들도 삶의 본질에 관해 깊게 통찰하고, 마음을 다스리는 방법에 대하여 고민하는 기회가 되었으면 좋겠다고 생각했다. 그래서 나의 경험을 이실직고(以實直告)하자는 용기를 냈다. 쇼펜하우어(Arthur Schopenhauer)와 니체(Friedrich Nietzsche)의 인생철학은 나를 일으켜 세운 일등공신이다. 두 철학자의 주장에 공감할 내용이 너무 많았다. 그들의 인생철학을 많이 인용하였다.

책을 쓰면서 사랑하는 딸에 관한 이야기를 진솔하게 기록하고 기억해야 한다고 생각했지만, 평생 논문과 신문 칼럼 그리고 전공 서적 등을 써온 습관 탓에 글이 다소 딱딱해져서 딸이 내게 남겨준 감동과 느낌을 제대로 전달하지 못하는 아쉬움이 있다. 또한, 딸을 지키지 못한 부끄러움도 모르고 감정을 절제하지도 호흡을 가다듬지도 못한 채 중구난방 글을 썼다는 사실도 인정한다.

끝으로 원고를 읽고 귀중한 조언을 해주신 김광언 교수님, 김영래 총장님, 홍명신 박사, 반기승 친구와 책날개의 그림을 그려주신 이환범 교수님께 감사드린다. 그리고 책을 출판해준 지식과감성#에 감사드린다. 이 책을 참회와 속죄의 마음으로 딸의 영전에 바친다.

2022년 1월
사랑하는 딸을 그리워하며
홍득표

차례

시작하며 4

01
둘째 딸의 짧았던 생애

둘째 딸이 태어난 것은 14
파란만장했던 학창 생활 19
유학 중인 딸과 나누었던 이야기 35
친구를 끔찍하게 사랑했던 딸 63
당차고 야무지고 독특했던 딸 71
도전적이고 창의적인 일을 찾던 딸 77

02
딸을 지키지 못한 회한

통한의 운명은 나의 업보 88
건강문제를 터놓고 소통했다면 93
절박한 순간 통화가 이루어졌다면 100
마지막 경고를 눈치챘다면 105

03
자식을 앞세운 죗값

잎이 다 떨어진 그루터기	114
엄마 소리가 듣고 싶다	121
피하지 못한 공황장애	128

04
실패한 아빠의 민낯

나는 어떤 아빠였을까	136
내가 원하는 일을 권했다	142
남의 자녀와 비교했다	149
많은 사랑을 베풀지 못했다	156

05
죽을 고비를 넘겨준 명제

있는 그대로 그냥 받아들이라	162
주님의 품 안에서 이루어진다	169
세상의 모든 것은 결국 무로 돌아간다	176
가족이 있고 그다음에 내가 있다	180
삶의 근원적 본질은 고해다	190
모든 재앙은 견뎌내야 한다	197
삶은 끊임없는 문제로 얽혀있다	202
나만 예외적인 존재가 될 수 없다	206

06
딸을 잃고 깨달은 삶과 죽음

누구나 어차피 죽는다	214
삶 속에 이미 포함된 죽음	225
사람 사는 게 다 그렇고 그런 것	229
인생은 하나의 짧은 에피소드	233

하늘나라에 있는 딸에게   242

01
둘째 딸의 짧았던 생애

둘째 딸이 태어난 것은

결혼은 사랑하는 두 사람이 만나 가정이라는 새로운 보금자리를 꾸리고, 사랑을 가꾸고 키우며, 서로의 차이를 좁혀가면서 새로운 삶을 엮어가는 과정이라고 생각한다. 톨스토이(Lev Tolstoy)는 "결혼을 신성하게 하는 것은 오직 사랑이며, 진정한 결혼이란 사랑으로 신성해진 결혼뿐"이라고 했다. 니체는 『차라투스트라는 이렇게 말했다』에서 "그대는 젊고, 아이를, 결혼을 원하고 있다. 하지만 나는 그대에게 묻는다. 그대는 아이를 원해도 될만한 인간인가?"라고 하면서, "창조한 사람들보다 더 나은 사람 하나를 창조하려는 두 사람의 의지"를 결혼이라고 이해하였다. 또한 "내 안에 아이가 있다. 너도 네 아이를 가져라"라고 하면서 "풍성한 결혼의 결실이나 결혼으로 인한 변화의 과정을 자녀"라고 하였다. 결혼을 자녀의 출산과 관련지은 것이다.

소크라테스(Socrates)는 "남자는 좋은 아내(良妻)를 얻으면 행복한 사람이 되고, 악한 아내(惡妻)를 얻으면 철학자가 된다"고 했다. 세상에 태어나 평생 동고동락할 반려자를 선택하는 것은 매우 어렵고 중요한 결정이다. 배우자감을 연애 등을 통하여 스스로 고르거나, 중매 혹은 소개로 만나 결혼에 이르기도 한다. 나는 남동생 덕분에 결혼했다. 내가 미국 해병대(USMC) 군사유학 중 동생이 충청북도 도지사 관사에 입주하게 되었다. 당시 충북지사는 공부가 소홀한 아들과 함께 생활하면서 학업에 도움을 줄 수 있는 친구를 추천해달라고 담임 선생에게 부탁했다고 한다. 고교 동급생이었던 내 동생이 추천되어 도지사 면담을 거쳐 관사에 입주하게 되었다. 어머니는 동생도 만나고, 또한 인사차 도지사 관사를 방문했다고 한다.

양쪽 집안의 자녀 이야기가 화제에 오르자 어머니는 큰아들이 해병대 현역 장교라고 하면서 지금 미국 유학 중이라고 자랑했다고 한다. 도지사 부인은 육군 소장 출신인 자기 남편도 초급장교 시절 미국 군사유학을 다녀왔다고 밝혔다고 한다. 그러면서 동생을 보면 형이 어떤 사람인지 대충 짐작할 수 있을 것 같다고 하면서 농반진반(弄半眞半)으로 '우리 사돈 삼자'는 제안을 했다고 한다. 큰아들이 귀국하면 동생 보러 한번 들르라는 말까지 했다는 것이다.

귀국 후 동생을 만나러 도지사 관사에 갔다가 진수성찬의 푸짐한 저녁상과 서울에서 대학을 다니고 있던 아내의 전화번호도 받았다. 2년 가깝게 교제하다가 사랑의 결실을 보았다. 1977년 늦가을 서부전선에서 보병대대 소총중대장으로 임무를 수행하던 중 결혼하였다. 최전방지휘관이라 신혼생활을 제대로 할 수 없었다. 중대장 임무를 마치고 첫째 딸을 낳았다.

둘째 딸은 사우디아라비아에서 가졌다. 나는 주(駐) 사우디 겸 요르단 국방무관 보좌관(Assistant Defense Attaché)으로 선발되어 1981년 봄 세 식구가 출국했다. 문제는 아내가 열사(熱沙)의 나라 사우디 생활에 제대로 적응하지 못했다. 설상가상 내 상관 부인의 상급자 행세 때문에 아내는 무척 애를 먹었다. 아내는 사회경험도 없고 해외 생활도 처음이며, 여성의 사회활동이 엄격하게 제한된 사우디 문화에 충격도 컸다.

아내는 날로 신경이 날카로워졌다. 부부 갈등이 생기지 않을 수 없었다. 도저히 사우디에서 살 수 없다고 했지만, 국방부 승인 없이 아내를 귀국시킬 수 없었다. 몸이 아프거나, 직계 가족상을 당하거나, 임신의 경우만 귀국허가가 가능했다. 당시 사우디의 의료 환경과 생활 여건이 열악했기 때문에 발병과 임신은 귀국승인 요건이 되었다.

귀국하려면 둘째를 가지는 방법밖에 없었다. 그 과정에서 아내와 많이 다퉜다. 나는 8남매 장남이지만 아들에 대한 욕심도 없고 딸 하나면 족하다고 생각했기 때문이다. 부모님과 가까운 친척들은 아들을 꼭 낳으라고 종용했지만 나는 전혀 관심이 없었다. 더구나 귀국 명분으로 자식을 가지는 것을 윤리적으로 받아들이기 힘들었다. 아내와 커다란 견해차가 있었으나 사우디 적응에 한계가 와서 결국 둘째를 가지기로 하였다.

자녀 임신은 부부가 사랑을 나누는 과정에 자연스럽게 이루어지는 것이 일반적인 현상이다. 요즈음은 상황이 많이 바뀌었지만, 예전에는 아들을 낳기 위해서 합궁일(合宮日)을 택일하거나 민간요법을 활용하는 부부도 있었다. 요즘은 아들딸을 구분하지 않는다. 결혼해도 임신과 출산 시기를 계획적으로 조절하는 경우가 많다. 우리 부부는 아내의 귀국 요건을 충족시키기 위해서 둘째를 가지기로 한 것이다.

아내는 둘째를 가졌고 귀국을 승인받았다. 아내는 큰딸과 함께 내가 부임한 지 몇 달 만에 한국으로 돌아가 친정에 머물면서 출산준비를 했다. 나는 혼자 사우디에서 지낼 수밖에 없었다. 그러는 사이 나도 사우디에 부임한 지 1년이 지나 본국으로 일시 귀국할 수 있는 휴가 기회가 생겼다. 공교롭게도 딸의 출산 시기와 휴가 일정이 거의 맞아떨어졌다. 귀국 도중 일본에서 1박 할 예정으로 도쿄(Tokyo)에 도착했다. 아내에게 연락했더니 몇 시간 전에 딸을 낳았다고 했다. 내가 사우디 제다(Jeddah)에서 도쿄행 비행기를 타고 오는 중에 둘째가 태어난 것이다. '하루만 더 늦게 세상 빛을 보았다면 내가 현장에서 반갑게 둘째 딸을 맞이했을 텐데'라는 생각에 무척 아쉬웠다. 첫째 딸을 낳을 때는 내가 아내를 뒤에서 안고 부축하면서 산통을 겪는 모습을 직접 목격했다. 말로만 듣던 산고(産苦)가 그렇게 심한 줄 몰랐다. 남편이 없을 때 혼자 아기를 낳은 아내에게 미안하고 또 고맙기도 했다.

이튿날 서울에 도착하자마자 곧바로 산부인과로 달려가 둘째 딸과 반갑게 상봉했다. 갓 태어난 둘째 딸의 첫인상은 나를 빼닮은 것 같았다. 이마가 넓고 머리숱이 없었다. 장모는 나를 보자마자 "큰손녀는 얼굴이라도 예쁘지, 이건 못생긴 주제에 고추도 달지 못했다"라고 하시면서 몹시 서운해하시는 모습이었다. 그리고 "사위, 미안해! 볼 면목이 없네"라고 하셨다. 괜찮다고 오히려 내가 장모를 위로했다. 어릴 때 못생긴 애들이 크면 예뻐진다는 말이 둘째 딸에게 딱 들어맞았다.

　나는 국방부 업무보고 등의 바쁜 일정 때문에 짧은 휴가를 마치고 아내와 두 딸과 헤어져 사우디로 돌아왔다. 아내는 몇 달 동안의 산후조리 후 두 딸과 함께 사우디에 왔다. 우리 네 식구는 어린 둘째 딸과 함께 유럽 여행도 다녀오곤 하면서, 공관 생활에 만족하며 단란하고 행복한 시간을 보냈다. 2년 동안의 사우디 근무를 마치고 귀국하여 나는 진해에 있는 해군대학에 입교했고, 아내는 두 딸과 서울에서 살았다.

파란만장했던 학창 생활

나는 해군대학 수학 중 향후 10년간의 군 생활 전망은 밝지만, 그 이후를 생각하면 진로를 바꾸는 것이 좋을 것 같다고 판단했다. 나이를 생각하면 인생의 전기를 마련할 마지막 기회라고 생각했다. 사관학교 출신이 아니라는 점도 고려 사항으로 작용했다. 주위의 만류에도 불구하고 전역 지원서를 제출했다. 1984년 3월, 10년 넘게 청춘을 바쳤던 해병대를 떠났다. 그리고 전역 후 40여 일 만에 미국 유학길에 올라 뉴욕에 있는 포드햄대학교(Fordham University) 대학원 석사과정에 등록했다. 설렘과 두려움이 교차하는 가운데 불확실한 미지의 세계에 도전한 것이다. 그리운 가족을 서울에 남겨두고 나 홀로 유학 생활을 시작했다. 얼마 지나지 않아 아내는 어린 두 딸을 처가에 맡기고 나에게 왔다. 딸들을 떼어놓고 출국하면서 비행기 안에서 울다 보니 뉴욕에 도착했다고 한다. 아내는 방학이 시작되자 두 딸이 보고 싶다고 뒤도 돌아보지 않고 귀국했다.

석사학위를 취득하고, 1986년 1월부터 하와이대학교(University

of Hawaii) 대학원에서 박사과정을 밟을 때는 온 가족과 함께 살았다. 아내는 아르바이트, 큰딸은 초등학교, 둘째 딸은 유아원(nursery school)에 다녔다. 영어 한마디 못 하는 두 딸은 처음에는 학교생활에 적응하기 너무 힘들어 스트레스를 많이 받았다. 매일 아침 학교에 가기 싫다고 울고 보채는 등교 전쟁이 반복되었다.

큰딸이 "아빠, 미국에서 박사를 꼭 따야 돼? 한국 가서 공부하면 안 돼?"라고 말할 때는 가슴이 아팠다. 둘째 딸은 눈을 뜨자마자 "오늘 또 유아원 가야 돼?"라고 울면서 가기 싫다고 졸랐지만 어쩔 수 없었다. 두 딸은 스트레스 때문에 편두통이 올 정도였다. 큰딸은 차분하게 적응을 잘하는데, 둘째 딸을 유아원에 데려다놓고 헤어질 때 "아빠, 나 여기 두고 가면 보고 싶지 않아?"라고 하면서 내 다리에 대롱대롱 매달려 울었다. 선생님이 나와서 말려도 소용없었다. 우는 딸을 억지로 떼어놓고 돌아서는 마음은 편치 않았다. 강의시간에 쫓겨 어린 딸을 두고 돌아서면서 눈물을 흘린 적도 있었다. '이 나이에 무슨 큰 영화(榮華)를 보겠다고 유학 와서 자식들을 이렇게 고생시키나' 하는 죄책감 때문에 미안했다.

깜짝 놀란 것은 불과 3개월 정도 지났을 뿐인데 영어소통에 문제가 없었다. 두 딸은 5~6개월 지나니 한국말보다 영어가 더 편하다고 집에서도 영어로 대화했다. TV를 보면서 재미있다고 깔깔거리고 웃었다. 참 신기한 일이었다. 영어공부를 그렇게 오래 했는데도 버벅거리는 자신이 부끄러웠다. 시간이 지나면서 아이들도 미국 생활에 점차 익숙해졌고 나도 공부에 가속이 붙었다. 둘째 딸은 유아원을 거쳐 토머스 제퍼슨 초등학교(Thomas Jefferson Elementary School) 유치원을 수료하고, 1학년에 입학하였다.

둘째 딸은 유치원에 다닐 때 '최고 예절상(Most Courteous Award)'을 받았다. 초등학교 1학년 담임 선생님은 「학생 발달 보고서(Pupil Progress Report)」에서 "적응도 잘하고 예의 바르며 매우 협조적"이라고 했다. 그리고 "훌륭한 시민(fine citizen)"이라고 평가하면서 "자기 반 학생이 된 것이 기쁘다(Nice to have her in my class)"고 했다.

나는 1988년 12월, 미국 유학 4년 반 만에 석·박사학위를 취득하고 귀국했다. 이듬해 큰딸은 서울 강동에 있는 모 초등학교 4학년으로, 둘째 딸은 1학년으로 전학했다. 그리고 1년 만에 두 딸은 집 근처에 있는 학교로 또 옮겼다. 귀국 후 시간강사인 내가 경제적 어려움을 겪는 고충 못지않게 아이들은 학교 적응에 고생이 매우 심했다. 수업을 따라가는 데 많이 힘들어했다. 한글을 제대로 익히지 못해서 시험 때 답은커녕 문제가 무엇인지조차 파악하지 못했다. 미국에서는 학교생활에 재미를 붙였는데, 귀국 후 생소한 교육환경에 직면한 것이다. 미국에 가서 처음에는 영어 때문에 고생하다가, 귀국하니 우리글이 서툴러 많은 스트레스를 받았다. 어린아이들에게 너무 많은 심적 고통을 안겨준 것이다.

나는 귀국 후 1년 반 동안 몇몇 대학에서 시간강사를 하다가 청주대 교수로 특별 초빙되었다. 운 좋게 한 학기 만에 인하대로 옮겼다. 서울 강동에서 인천까지 출퇴근을 하는 데 시간이 너무 오래 걸려 이사를 하지 않을 수 없었다. 큰딸은 인천 부평에 있는 모 여중 2학년으로, 둘째 딸은 모 초등학교 5학년으로 전학하였다.

둘째 딸은 귀국 후 초등학교 재학 중 산수 경시대회 5회, 과학도서 독후감 대회, 글쓰기 대회 2회, 특기 경연대회, 한문 경시대회, 자연관찰 대회, 식물 관찰 대회, 영어 교과 우수, 체육·한문·영어 우수 등 많은 상장을 받았다, 4~5학년 때는 부반장, 6학년 때는 학급회장이 되었다.

초등학교 「생활 통지표」의 교과 및 행동발달상황에는 딸을 "학습의욕이 좋다. 창의성이 높다. 성적이 우수하다. 문제를 자주적으로 해결한다. 질문과 발표력이 왕성하다. 자기의 느낌과 생각을 적절한 방법으로 잘 표현한다. 자기표현을 거침없이 한다. 성격이 활달하다. 친구가 많다. 사교적이다. 급우 간에 협조적이어서 인기가 높다. 자기 실수를 빨리 인정하고 수정한다. 책임감이 강하다. 규칙을 잘 지킨다. 통솔력이 있다. 쾌활하고 적극적이다. 명랑하다" 등등으로 평가하였다.

초등학교에 다니던 두 딸과의 갈등을 잊을 수 없다. 이는 반려견을 기르는 문제를 놓고 발생했다. 나는 예나 지금이나 동물이 정말 싫은데, 두 딸이 반려견을 방에 숨겨놓았다가 나에게 들켰다. 집에서 키우는 것은 안 된다고 주장하는 나와 그냥 두겠다는 두 딸이 충돌했다. 합의점에 도달할 수 없을 정도로 입장이 갈렸다. 두 딸은 울면서 반려견을 부둥켜안고 내보내지 않겠다고 고집을 부렸다. 학교 적응과 수업 그리고 과외활동 등으로 많은 스트레스에 시달리는 청소년들이 반려견에 집착하면서 위로받고 마음을 주는 것을 이해하면서도 나는 너무 싫었다. 나는 말도 안 되는 고집을 부렸다. 아빠와 반려견 중 택일을 요구한 것이다. 반려견을 택하면 내가 집을 나가겠다고 엄포를 놓았다. 결국, 두 딸은 서럽게 울면서 포기했다. 지금 생각하면 내가 당시에 양보할 것을 그랬다는 후회가 앞선다. 어린 두 딸이 마음의 상처를 받았을 것이 분명했다.

  중학교 때 둘째 딸을 심하게 꾸짖은 적이 있다. 공부는 등한시하면서 친구들과 어울려 놀고 말썽을 피우는 것 같아 책상 서랍과 소지품 등을 뒤졌다. 미국의 초중등학교에서는 불시에 경찰이 경찰견을 대동하고 학교에 와서 학생들을 모두 운동장으로 내보낸 뒤 모든 교실을 돌면서 학생들의 책가방과 소지품 등을 검사하는 경우가 흔하다. 특히 마약이나 총기 등의 소지를 우려한 범죄예방 활동이다. 하지만 아무리 어린 자식이더라도 일기장을 몰래 보거나 개인 소지품에 손을 대는 일은 삼가야 할 것이다. 물론 자식을 사랑하는 마음에서, 그리고 혹시 이상한 물건을 소지했는지 의구심이 들고 삐뚤게 나가는 것을 예방하기 위해서 뒤진다고 해도 신중해야 할 것이다.

  딸의 책상과 소지품을 뒤지고 나서 잔소릴 하면서 심하게 꾸짖었다. 특히 장래 문제에 대하여 많은 걱정을 하면서 정신 차리라고 나무랐다. 둘째 딸은 울면서 방으로 들어가더니 문을 걸어 잠그고 한동안 나오지 않는 항의 시위를 벌였다. 아침에 일어나보니 자기 방문에 다음과 같은 대자보가 붙어있었다.

이것은 가족에게 부탁하고픈 제 마음입니다.
읽고 무시하지 말고 저도 여기에 포함된 게 많은 것 같으니
반성하고 지키도록 노력하겠습니다.
읽어주셔서 너무×5 감사합니다.
워낙 글솜씨가 없고 생각이 이 정도밖엔 되지
않아서이니깐 이해 바랍니다.

☆엄마한텐 특별히 사랑한다는 말을 전합니다.
엄마 속상하게 많이 했기 때문에…
그나마 이해와 사랑으로 감싸주셔서
제가 더 나쁜 길로 빠지지 않게 되었습니다.
우리 모두 앞으로 엄마를 속상하게 하지 맙시다.

☆서로를 조금씩만 이해합시다. 왜 그럴까…
부정만 하지 말고, 모든 원인과 계기를 찾아봅시다.
세상에 완벽한 것은 없습니다. 모든 게 한두 가지는
부족합니다.
정말로 완벽한 것은 오직 신입니다.
자기들의 단점부터 찾읍시다.
남의 것보다는 나를…

☆자기 기분에 따라 행동하지 맙시다. (집에서)

☆남의 물건 함부로 뒤지거나 (허락 없이)
건들지 맙시다. 지갑, 가방, 책상 등…

☆자기가 기분 나쁜 일은 자기 혼자 풀고,
가족들에겐 피해 주지 맙시다.
한마디로, 더 쉽게 풀기 위해 예를 들자면
평소에 아무렇지도 않던 일을
자기가 신경질 난다고 뭐라고 하지 맙시다.
Q) 기분 좋을 때는 그냥 넘어가는 일이
기분 나쁘면 더 나빠 보이는 이유는 뭘까요?
다시 말하자면 똑같은 일로 그냥 넘어갈 때와 안 그럴 때…
그것은 당연히 자기 기분에 따라서겠죠?
사람이 맨날 똑같을 수는 없지만
그 상대편은 정말로 이해가 안 간답니다….
물론 타당한 이유가 있다 해도 그것은 무조건
기분에 따른 행동인 것 같으니
서로 기분 나쁜 일이 있어도
불똥을 다른 사람에게 튀게 하지 맙시다.
저 또한 지키겠습니다.

☆남의 방을 더럽히지 맙시다.

☆남의 체면도 체면입니다.
무조건 자기가 제일이고 자기 생각이 옳다는 건
결코, 상대편을 기분 좋게 하는 일이 아닙니다.
꼭 나이를 먹고, 더 배운 게 많아야 옳은 말만 할까요?
자기 진로와 미래는 자기가 만들어갑니다.
최소 사람이라면 돈, 출세, 명예보다는
작지만 자기가 좋아하는 일을 택해서 하는 것이
좋다고 생각합니다. 조언 정도는 해줄 수 있지만
꿈을 뺏는 건, 그리고 무시하는 건(직업의 귀천)
그 사람을 눌러버리는 거와 같은 게 아닐까요?

　글을 읽고 부끄럽기 짝이 없었다. 자식 앞에서 감정을 통제하지 못하고, 요구했던 행동 규범도 일관성이 없었던 것 같았다. 이렇게 당당하게 자기주장을 펼칠 수 있었다니 정말 야무지고 똑똑한 딸이 아닐 수 없다. 어려서부터 남달리 자주성이 뛰어났고 어떤 간섭도 받는 것을 싫어했다. 자기주장이 확실했다. 자기 주관에 따라 독립적이고 자율적으로 행동하기를 좋아했다. 이와 같은 성격은 직장생활에서도 유감없이 발휘되었다. 나는 대자보를 읽고 다음과 같은 반박문을 딸에게 전달하였다.

　　1. 자기 기분에 따라 행동해서는 안 된다는 것을 인정한다. 그러나 그것은 상황에 따라서 다를 수 있다. 자기의 화를 남에

게 푸는 것은 정말 좋지 않은 방법이지만, 당시의 상황을 생각해봐야 한다. 남이 먼저 화를 내게 만들어놓고 그것을 기분이 나빠서 푼다고 생각하는 것은 잘못이다. 그 근본적인 원인이 어디에 있는가를 먼저 따져봐야 할 것이다. 부모가 화를 낸 것만을 탓하기 전에 왜 화를 냈을까를 되돌아보기 바란다.

분명한 것은 부모나 선생님은 자식이나 제자가 잘못을 저지를 때마다 지적하고 화를 내는 것이 아니라 모아두었다 한 번에 꾸짖는 것이다. 잘못할 때마다 화를 내거나 꼬집으면 잔소리가 되고 효과도 적기 때문에 차곡차곡 쌓아놓았다 한 번에 지적하는 방법을 택한다. 똑같은 잘못이지만 그럴 때마다 야단칠 수는 없는 노릇이다. 나의 행동에 즉흥적인 면도 있지만, 평소에 많은 생각을 하고 있다가 어떤 계기가 되면 꺼내는 것이다. 그것을 자신이 기분이 나쁠 때 남에게 푼다고 생각하는 것은 자신의 잘못을 미처 깨닫지 못하는 것이라고 볼 수 있다.

2. 남의 물건을 함부로 뒤지는 것은 나쁘다는 것을 인정한다. 미안하다. 그러나 부모나 선생님은 교육목적상 자식이나 제자의 일기장도 예외적으로 볼 수 있다. 가방을 뒤지는 것은 자식이나 제자의 잘못을 예방하기 위한 차원에서 하는 것이다.

3. 남의 방을 더럽히지 말자는 것은 맞는 말이지만 먼저 자신의 방부터 깨끗하게 치워야 한다. 한 집안의 구성원으로서 최소한 다른 가족에게 불쾌감을 주지 않을 정도로 자신의 방부터 정리해야 한다. 가정은 한 가족이 모여서 공동생활을 하는 곳이다. 화장실도 그렇고 응접실도 마찬가지다. 방의 소등, 정리정돈, 그리고 청소는 엄마의 몫이 아니다. 아주 좋은 지적이다. 자신의 방부터 잘 정리하여 엄마의 수고를 덜어주는 것이 기본적인 태도라고 본다.

4. 남의 체면도 살펴야 하지만 자신의 체면도 중요하다. 부모와 자식 간에도 기본적인 예의나 체면은 지켜주어야 할 것이다. 네가 부모의 체면을 손상한 적은 없었는가? 학교에서 부모가 고개를 들지 못하게 한 일은 없었는가? 부모와 자식 간 체면의 충돌이 생기면 부모의 입장이 먼저 존중되어야 하지 않겠니?

5. 직업에 귀천이 없어야 한다는 것은 맞는 말이다. 인간의 존엄성과 평등성은 존중되어야 마땅하다. 그러나 현실적으로 좋은 직업과 꺼리는 직업은 분명하게 존재한다. 많은 사람이 하고 싶고 동경하는 직업이 있는 반면에 마지못해 먹고 살기 위해서 어쩔 수 없이 선택한 직장도 있다. 그래서 부모가 자식이 좋은 직업을 갖게 하려고 과외니 유학이니 온갖

무리를 하면서 이리 뛰고 저리 뛰면서 자식을 들볶는 것이다. 부모가 자기 자식이 남들이 부러워하는 번듯한 직업을 갖기 원하는 것은 당연하다. 그것은 욕심이나 체면이 아니라 부모로서 어쩔 수 없는 일이다.

그리고 자식은 아직 어리고 사회경험이 적고 교육을 더 받아야 하는 처지이기 때문에 경험과 나이가 많은 부모가 자식을 이끌어주는 것은 부모의 기본적인 도리라고 생각한다. 어린 청소년이 갖는 꿈도 소중하지만, 그 꿈은 그 수준에서 꾸는 것이기 때문에 부모나 선생님 눈에서는 부족하게 보이는 경우가 있다. 그래서 진로지도를 하는 것 아니냐? 자식을 올바른 길로 안내하지 못하는 부모는 부모의 책임과 도리를 다하지 못하는 것이라고 볼 수 있다.

6. 엄마를 사랑하고 엄마에게 잘해야 한다는 것은 맞는 말이다. 너의 변함없는 마음이길 바란다. 엄마 때문에 더 나쁜 길을 가지 않았다니 다행이다. 잘못된 길임을 알고 있다니 좋은 일이다.

7. 이 세상에는 완벽한 존재란 없다. 그래서 우리가 교육받고 종교도 갖고 수양하고 책도 읽고 여행하면서 자신을 발전시키는 것이다. 그러나 어린이보다는 어른이 그래도 경험이 많아 상황을 올바르게 판단할 수 있다고 생각한다. 나이 들

고 공부하고 사회적인 경험을 쌓는 것이 모두가 성장하고 성숙해가는 과정이다. 아빠는 아직도 세상과 인생을 배우면서 살아가고 있음을 밝혀둔다.

8. 너에 대한 부모의 비신사적인 말과 태도는 부모의 성격이 이상해서일까? 아빠 엄마가 문제가 있어 이런 일이 벌어진다고 생각하는가? 네가 조금만 더 공부 잘하고, 말을 잘 듣고, 돌아다니지 않고, 일찍 집에 돌아오고, 중학교 학생다운 행동을 한다면 얼마든지 인격적으로 대하고 체면도 살려줄 수 있다. 그러나 문제의 발단은 너에게 있다고 생각한다.
아빠의 너에 대한 기대와 꿈, 일반적인 청소년을 보는 기준, 주위에 있는 다른 집 자녀들과 비교할 때 발견되는 차이점 등등으로 아빠는 가슴 아파하고 있으며 걱정하는 것이다. 자식이 잘못되는 것은 부모의 책임이 크다고 생각한다. 너는 어떻게 생각할지 몰라도 나는 너에게 할 수 있는 것은 어느 정도 해준다고 생각한다. 너의 방황이 부모 때문이라고 한다면 아마도 변명이 아닐까?

9. 네가 지적했듯이 모든 일에는 원인과 결과가 있게 마련이다. 모든 것은 이유가 있다. 그러나 너의 방황은 어떤 이유로도 정당하게 설명할 수 없다. 왜냐면 내가 볼 때 너는 보통의 평범한 일반적인 중학생과 뭔가 다르다고 생각한다.

자신 때문에 일어나는 불협화음을 부모의 탓으로 돌리는 것은 있을 수 없다. 자식으로서, 중학생으로서 최소한의 도리를 하고 부모에게 요구할 것을 요구하거라.

10. 너와 이런 식으로 대화를 나누는 것도 나쁘지는 않구나. 아빠와 엄마는 YJ를 무척 사랑한다. YJ의 가능성과 잠재력을 믿고 있다. YJ에 대한 기대와 꿈도 크다. 미국에 가면 모든 것을 훌훌 털고 다른 사람으로 다시 태어날 것이라고 믿고 싶다. 그래서 금융위기로 나라 경제가 어렵지만, 너와 미국행을 고려하고 있는 것이다. YJ는 인격적으로 훌륭한 딸이 될 것이라고 기대한다. YJ를 많이 사랑한다. 그리고 아빠의 잘못이 있으면 용서해라. 아빠가.

지금 읽어보니 딸이 말썽을 부린다고 좀 심하게 대했던 것 같다. 딸과 맞서 싸웠다는 생각을 떨칠 수가 없다. 중학생 딸을 이기려고 한 자신이 부끄럽다. 자식 이기는 부모가 없다고 하는데. 사춘기에 누구나 겪는 일시적인 현상이라고 이해했으면 좋았을 것이다. 하지만 당시에는 자녀가 잘못하면 꾸짖고 올바른 길로 안내하는 것은 부모의 기본적인 역할과 의무라고 생각했다. 자녀가 무슨 행동을 하든 수수방관하는 것은 책임 있는 부모의 도리가 아니라고 믿었다. 문제는 사사건건 심하게 간섭하거나 잔소리를 하고 권위주의적으로 윽박지르는 것은 바람직한 자녀교육 방법이 아니다. 부모의 자식에 대한 사랑과 보살핌이 지나쳐 부모의 생각과 기대를 일방적으로 강요하는 것도 좋지 않다. 자식을 마치 부모의 소유물이나 부속물로 착각하여 무조건 내 뜻과 같이 움직여주고 행동하기를 바라는 것은 지양되어야 할 것이다.

나는 1998년 봄 학기부터 1년 동안 미국 남캘리포니아대학교(USC)로 안식년을 가면서 때마침 중학교를 졸업하는 둘째 딸을 데리고 갔다. 딸은 로스앤젤레스(LA)에 있는 템플시고등학교(Temple City High School) 신입생으로 입학했다. 1년간의 안식년을 마치고 귀국하면서 버지니아(Virginia) 페어팩스 카운티(Fairfax County)에 사는 아내의 지인을 보호자(guardian)로 지정하기 위해서 토머스 제퍼슨 고등학교로 옮겼다. 그러나 지인과 함께 지내는 것이 여의치 않아 몇 달 만에 다시 버지니아주 우드스톡(Woodstock)에 있는 기숙학교인 마사누텐사관고등학교(Massanutten Military Academy)로 전학하여 그곳에서 졸업했다. 사관 고등학교에서는 우등상인 금 독수리상(Gold Eagle Award) 2회, 은 독수리상 2회, 동 독수리상 2회, 학교장 논문상(President's Essay Award) 등을 수상하였으며 장학금도 받았다.

고등학교를 졸업하고 여러 대학에서 입학이 허가되었으나 인디애나주립대학교(Indiana State University)의 「언론정보와 문화(Communication and Culture)」 전공을 선택하였다. 인디애나주립대에서 2학년을 수료하고, 인디애나대학교(Indiana University) 3학년으로 편입하였다. 대학을 옮겼는데도 4년 만에 졸업했다. 대학생 때는 교내 여학생 클럽(sorority)인 알파 시그마 알파(Alpha Sigma Alpha)에 동양인, 특히 유학생으로는 처음 가입했다고 하며, 다양한 연구모임(study group)과 봉사단체에 가입하는 등 많은 활동을 하면서 대학을 마쳤다. 인디애나대를 우등으로 졸업하고, 만 7년 3개월간의 힘들었던 미국 유학을 성공적으로 마치고 2005년 5월 귀국했다.

둘째 딸은 16년의 학창 생활 중 초등학교 네 번, 고등학교 세 번, 대학교 두 번 등 아홉 차례나 학교를 옮겼다. 학창 생활이 순탄치 않았다. 국내외를 넘나든 파란만장한 학창 시절을 보낸 것이다. 잦은 전학으로 학교생활은 불안정했고, 평균 2년도 채 안 되어 새로운 환경과 마주쳐야 했다. 또 유아원부터 대학을 졸업할 때까지 주거지 이동도 잦았다. 서울에서 태어나 갓난아기 때 사우디에서 살다가 서울로 왔다. 내가 유학 가면서 충북 괴산에서 목장을 하던 처가에 있다가 다시 미국 하와이로, 그리고 서울, 인천, 미국 로스앤젤레스, 버지니아 페어팩스와 우드스톡, 그리고 대학 때는 인디애나 테러 호트(Terre Haute)와 블루밍턴(Bloomington) 등으로 옮겨 다녔다. 학교환경과 거주지가 너무 자주 바뀐 것이다.

변화가 잦아 생소한 환경에 적응하기 위해서 사교성과 친화력 등을 키운 측면이 있다. 외향적이고 활달하며 사교적이고 환경 적응력도 뛰어났다. 무척 싹싹했다. 나를 만나면 언제나 달려와 품에 안기면서 "아빠 사랑해" 했다. 어린 나이에 미국 생활을 하면서 승강기 안에서 사람들을 만나면 먼저 "하이" 하면서 인사를 건넸다. 승강기에 타면 모두가 고개를 들고 층수 표시등을 바라보면서 짧은 순간 적막이 흐르지만 어린 딸의 한마디에 분위기가 확 바뀔 정도였다.

어린 나이에 낯선 환경과 자주 접하게 되면 적응하기 어려워 말수가 줄어들고 고립감과 소외감에 빠질 우려가 있다. 그렇지만 둘째 딸은 학창 시절 빈번한 전학과 이사가 새로운 환경에 대한 적응력을 키우는 데 긍정적 요인으로 작용한 것 같았다. 어디를 가더라도 뛰어나게 적응할 수 있는 생존능력을 기르는 데 도움이 된 것 같다. 자기소개서에서 자신은 변화되는 환경에 적응력이 뛰어나다고 평가했다. 그리고 사교성이 좋아서 미국 유학 시절에는 한국 사람과 더불어 미국 친구들이 많았고, 그 결과 영어 및 여러 분야에서 남들보다 빠른 속도로 배워나갔다고 썼다.

그렇지만 어린 나이에 잦은 전학과 이동 때문에 새로운 환경 적응에 얼마나 힘들었을까 생각하니 몹시 안타까웠다. 불안정하고 순탄치 않았던 학창 시절과 잦은 이사 경험은 둘째 딸이 한곳에 진득하게 머물지 못하는 성격 형성에 영향을 준 것 같다. 후에 딸이 직장을 자주 옮긴 것도 이와 깊은 연관이 있다고 생각한다. 이는 잦은 환경 변화가 가져온 부작용이라고 평가할 수 있을 것이다.

유학 중인 딸과
나누었던 이야기

미국 유학 중인 딸과 주고받은 편지는 아빠와 딸의 관계, 그리고 유학 중 딸이 겪은 고충 등을 이해하는 데 도움이 될 수 있을 것 같다. 소장하고 있는 편지 원문을 발췌해서 소개하고자 한다.

딸이 미국 유학 생활을 시작하고 두 달쯤 있다가 맞이한 생일을 축하하면서 쓴 편지다. 한국에 있는 엄마와 친구들이 너무 그립다고 하면서 처음에는 잘 적응하지 못했다. 미국에 와서 너무 힘들어하는 딸에게 생일축하 편지를 쓰면서 잘 견뎌달라고 부탁했다.

사랑하는 YJ에게
먼저 생일을 축하한다.
아빠랑 있으면서 여러 가지 불편한 것도 많고 아빠의 잔소리도 싫을 것이고 마음도 맞지 않는 것 같아 생일날 미안한 생각이 드는구나. 다행히 네가 복이 많아서 주위에서 네 생일을 챙겨주는 많은 분 덕분에 어느 정도 쓸쓸함을 달랠 수 있구나. 글

쎄 초청한 것도 아닌데 네 생일을 어떻게 알았는지… 많은 분에게 빚을 졌다고 생각하니 부담스럽구나. 정말 고마운 분들이다. 또 네 인기가 대단한 것도 확인했다.…

엄마와 언니 그리고 친한 친구들과 떨어져있으니 섭섭하겠지만 어떡하겠니? 장래를 위해서 오늘의 어려움을 견뎌내는 수밖에 별도리가 없을 것 같구나. 기왕에 선택한 길이고 다른 방법이 없지 않으냐? 이제 네가 마음도 잡고 차분해졌다고 생각한다. 지금은 공부의 필요성도 느끼는 것 같아 퍽 다행스럽게 생각한다.

네가 미국에서 생활하면서 세상에는 공짜나 우연도 없고, 적당하게 넘어가는 것도 통하지 않는다는 사실을 배우고 있으리라 믿는다. 네가 나날이 다르게 성장하는 모습을 보면서 아빠는 정말 대견스럽게 생각한다.… 현재까지 잘 적응하고, 영어도 많이 늘고, 열심히 학교 다니고, 건전하게 미국을 배우고 있는 모습을 보면서 보람을 느낀다. 아빠의 즐거움은 네가 건전하게 자라는 모습을 보는 것이다. 네가 많이 힘들 줄 안다. 날이면 날마다 한국 생각이 날 것이다.

그러나 내일의 희망과 꿈을 위해서 오늘의 어려움을 참고 견디자. 너에 대한 기대가 한국에서 얼마나 큰지 알고 있지 않으냐? 또 너를 부러워하는 친구들도 엄청 많다는 사실을 알고 있지? 미국 생활을 성공적으로 마치고 귀국해서 네가 원하는 진로를 선택한다면 오늘의 고생이 얼마나 값지고 큰 보람이 되겠니?

네 생일을 맞이하여 우리 새로운 각오를 다지는 기회로 삼자.… 다시 한번 생일을 축하한다. 보다 마음 편하고 흡족하게 해주지 못해 미안하다. 네가 원했던 청바지는 사주마. 행복한 꿈을 간직하는 딸이 되길 바란다. 아빠가.

딸이 고1(10학년)을 마치고 겨울방학을 맞이하여 서울에 다니러 갔다. 서울에 가기 전 나에게 쓴 편지다.

아빠!
서울에 오늘 갈지 내일 갈지 모르지만, 그냥 펜을 듭니다.
첫째, 한국 보내주셔서 정말 감사하다는 말을 하려고 쓴 거여요. 잠깐 여행이지만 아빠랑 2주 정도 못 보는 거 섭섭(반) 시원(반)이에요.…
아빠 말대로 나한테 다 잘되고 잘하라고 모든 거 해주고 힘들이는 건데 아빠 기대만큼 못 미쳐서 죄송해요…. 아빠한테 잘한 것보다 못한 게 훨씬 많고 속상하게 한 게 더 많은 거 나도 알아. 하지만 이제부터 정말 좋은 사람 될게요.…
지금 나 기분이 찝찝해. 아빠랑 1년 정도 지내면서 나쁜 일도 좋은 일도 많았는데, 아빠의 새로운 면을 많이 발견했어요. 아빠도 나에 대해 거의 파악한 거 같고.
아빠 어쨌든 한국에 보내주셔서 정말 정말 감사하고요. 그리고 잠깐이지만 건강 조심하세요. 아빠 사랑해! 이쁜 딸이.

나는 1년간의 안식년을 마치고 귀국을 앞두고 있었다. 내가 귀국하기 직전 딸이 쓴 편지다.

사랑하는 아빠!
아빠 지금 자고 있는지 아니면 눈을 감고 무엇을 생각하고 있는 건지… 나 옆에서 아빠 보면서 너무너무 고맙게 생각해. 내가 비록 아무렇지 않고 뻔뻔하게 아닌 척해도 정말 부모랑 떨어져 지내기는 싫다. 간섭해도 부모가 좋은 건지. 어떠하든 간에. 아빠한테는 고마운 감정+미안한 감정이 너무 많아. 1년 동안 별의별 일 다 생기고. 게다가 매일 신경질이나 내고… 아빠 그런 거 다 용서해주길 바라.
아빠 엄마 없는 동안 나 미국에서 정말 최선을 다해서 열심히 할게. 확신은 없지만 노력할게. 그리고 내가 아빠한테 섭섭하게 한 거 많은데, 그거 다 씻어버리고 갔으면 좋겠어. 맨날 택택거리고 대들어도 나 아빠 정말 많이 사랑해. 고맙고. 나중에 좋은 대학 들어가면 은혜 다 갚을게. 아빠가 내 맘 알아줬으면 좋겠어.
이게 다 나한테 좋은 길이라 생각하고 힘들더라도 열심히 할게. 나 믿어주는 아빠, 너무너무 고맙고 사랑해. 건강 조심하시고 제 걱정 너무 많이 하지 마세요. 아빠 무척 사랑합니다.

딸을 버지니아 페어팩스 카운티에 있는 고등학교로 전학시키고,

나는 로스앤젤레스를 거쳐 서울에 도착하자마자 딸에게 편지를 보냈다.

사랑하는 YJ에게

네가 학교수업을 마칠 무렵 아빠를 태운 대한항공 여객기는 LA 공항을 이륙했다. 네가 하교할 시간이겠지 하면서 너를 두고 온 아픈 마음을 참고 있었다. 한 시간쯤 비행 후 점심 식사로 비빔밥이 나왔다. 순간 참았던 눈물이 왈칵 쏟아져서 밥을 먹을 수 없었다. 왠지 눈물이 멈추질 않았다.

네가 정말 보고 싶다. 아빠는 50살이 되도록 누가 보고 싶어서 울어본 적이 없었던 것 같다. 아마 이번이 처음일 거야. 지난번 너를 두고 혼자 뉴욕 등으로 여행을 하면서 날이 저물면 네 생각이 나서 견디지 못하고 여행 일정을 앞당긴 적도 있었지.

비행기가 서울 가까이 올수록 너와 물리적으로 거리가 멀어지는 것이지만 내 마음은 네 곁으로 더 가깝게 다가가고 있었다. 아빠가 한국에 있고, 네가 미국에 있어 거리상으로는 멀지 몰라도 마음은 항상 너에게 바짝 다가가있다.

YJ야, 정말 사랑한다. 아빠는 귀국해서 너에 대한 걱정뿐이다. 아빠는 네 생각에 풀이 죽어있다. 시무룩하다. 미소를 잃었다. 네가 걱정되기 때문이다. 네가 지금 무엇을 하고 있을까? 의지할 곳도 없고 외롭고 공부도 어렵고 얼마나 힘이 드느냐?

YJ야, 어려워도 1년만 참고 견뎌라. 그래서 네 진로를 개척하는 데 커다란 도움이 될 수 있다면 당연하게 참아야 하지 않겠니? 한국에서 고등학교 다니는 것도 보통 어려운 일이 아니다. 많은 친구가 너는 정말 복이 많다고 부러워하고 있다. 여러 가지 일이 술술 풀리는 것으로 보아 너는 정말 운이 좋은 애라는 생각이 든다.

환경이 바뀌면 처음에는 어려운 법이다. 너 LA에 있을 때도 한두 달간은 힘들다고 울면서 서울 간다고 엄마에게 전화하고 견디기 어려워했던 것을 기억하겠지. 네 친구 YK도 서울에 가고 싶다고 보채지 않았더냐? 너는 머리도 좋고 환경 적응도 잘하니 머지않아 잘 지낼 수 있을 거야.

네가 어려운 것은 크게 두 가지라고 생각한다.

첫째, 철들어 처음으로 부모와 떨어져 남과 같이 생활하니 불편한 것이 한두 가지 아닐 것이다. 차가 없어 나갈 수도 없고 모든 것은 이모에게 부탁해야 하니 얼마나 불편하겠니? 너 아빠하고 있을 때 몇 달 동안 이 세상에서 아빠가 제일 싫다고 하지 않았더냐? 아빠 잔소리와 간섭 때문에 미국에 있기 싫다고 하지 않았니?… 이모 참 좋은 분이다. 이모 아니면 누가 너를 맡아주겠니? 항상 고맙다는 생각을 하고 지내거라.

둘째, 공부가 어려울 것이다. 아빠도 유학 생활을 해봐서 알고 있단다. 그러나 성적에 너무 신경 쓰지 말고 그냥 과정을 마친다고 생각하거라.… 영어도 아직 미숙하고 수업도 따라가기 힘들 줄 안다. 그러나 네가 LA에서 1년간 학교 다닌 경험을 살려서 잘 적응하거라. 영어는 네가 템플시고등학교에 다닐 때 예비과정(ESL)에서 배울 게 없다고 하지 않았니? 체육은 밖에 나가서 참여만 하고, 기하는 일주일에 수업이 세 번 있다 하니 교과서 중심으로 두 시간 정도 복습과 예습을 하고 정 힘들면 과외를 받아라. 요리와 컴퓨터는 대충대충…. 그러나 세계사가 어려우면 몇 주 지나서 자신이 없으면 수강 철회하든가.
네가 아마 공부를 잘해보려고 욕심도 내고 각오를 단단하게 한 모양이구나. 너무 욕심부리지 마라. 되는대로 지나가거라. 아빠는 네가 공부 잘하는 것도 좋지만 건강한 가운데 밝은 인상을 유지하면서 건전하게 자라는 것이 더 중요하다고 생각한다.…
아빠가 네 걱정을 하면서 울먹이니까 엄마가 뭐라고 하시는지 아니? 너도 이제 한국 나이로 18살이고 철이 들었기 때문에 잘 견딜 것이고, 누구보다 훌륭한 사람이 될 거라고 하더라. 청주 할머니는 15살에 시집오셔서 18살에 큰고모를 낳으셨단다.
그리고 네가 아빠하고만 통화하니 엄마가 삐진 것 같기도 하다. 엄마가 너를 아빠보다 더 사랑하지만, 표현하지 않을 뿐이지. 너 때문에 아빠가 운다고 엄마가 골린다. 네가 지난겨울 서울에 왔을 때 아주 의젓해졌고 철이 든 것 같다고 주위에서 칭찬을 많이 한다고 하더라.…
할 말은 많지만 여기서 줄인다. 무엇보다 건강하고 밝은 인상을 유지하면서 지내길 부탁한다. 다음과 같은 생각을 하면서 지내거라. '천하에 머리 좋고 뻔뻔한 YJ가 나간다. 모든 어려움은 비켜섰을거라' 하면서 자신을 갖고 지내라. 혼자 유학 생활을 하는 것이 힘들겠지만 또 다른 한편 많은 것을 배우는 좋은 기회가 될 수 있을 것이다.

무슨 일이 있으면 아빠에게 즉각 연락해. 네가 잘 있으면 아빠는 현재 다른 걱정이 하나도 없을 것 같다. 너를 정말 아주 많이 사랑한다. 너를 생각하면서 아빠가.

딸이 새롭게 옮긴 학교에 적응이 잘 안되어 힘들다고 엉엉 울면서 전화했다. 전화로 위로하고 격려했지만 그래도 마음이 놓이질 않아 딸에게 편지를 보냈다.

사랑하는 YJ에게

네가 공부가 어렵다고 우는 것을 보니 많이 발전한 것 같구나. 공부는 한국이나 미국이나 다 어렵다. 공부가 쉬울 리 없지. 아빠는 네가 공부 때문에 우는 모습을 보고 안됐다는 마음도 들었지만, 한편으로는 다행스럽게 생각한다.

아직 처음이고 그곳 분위기도 낯설어 힘들 것이다. 그리고 네가 이렇게 정규과정에 들어가 본격적으로 공부를 시작하니 어려울 수밖에 없을 것이다. 어렵고 힘든 것이 당연하지. 문제는 네가 어떻게 견뎌내느냐가 중요한 것이다. 그런 가운데 열심히 노력하면서 자신의 능력도 시험해보고 자신의 의지와 투지도 한번 발휘해보고 또 도전도 해보는 것이다.

첫째, 성적에 너무 집착하지 마라. 학점이 어찌 나오든 모두 D가 나와도 열심히 노력한 과정과 자세가 중요한 것 아니냐.…
둘째, 너무 큰 욕심을 부리지 마라. 네가 교육청 시험에 합격해서 어느 정도 자신감이 생겼고 더 잘해보자는 각오도 했을 것이다. 지나치게 욕심부리지 말고 적당하게 하여라…. 미국 유학이 너에게는 얼마나 좋은 기회냐? 영어만 하나 잘해도 미국 온 목적은 이룬 셈이지. 네가 말한 대로 영어가 부쩍 향상된 것을 느낄 정도면 얼마나 다행스러운 일이냐?
셋째, 기하는 과외를 해라. 집 근처에 수학 과외 하는 곳이 있지 않더냐? 과외비는 보내주마.… 기하는 과외로 보충하고, 체육은 적당하게, 컴퓨터도 원리만 알면 쉬운 법이니 이곳의 경험을 살려라. 영어는 아직 예비과정이니 욕심내지 마라. 그러면 세계사와 요리과목만 남는구나. 미국 애들이라고 다 공부 잘하는 것 아니니라.
너무 욕심내지 말고 절대로 울지도 말고 자신을 갖고 천천히 시작해라. 급하게 서둔다고 공부가 되는 것이 아니다. 느긋한 마음을 갖거라. 너 아주 뻔뻔했잖니? 성적에 '가'를 맞아도 끄떡 않던 네가 공부가 힘들다고 울고불고 걱정하니 참 신기하구나. 도전적이지 못하고 힘들지 않은 생활은 보람이 없단다. 너는 젊은 패기도 있고 희망도 있다. 도전하라. 오르려고 노력하라. 그러면 끝내 이루고 말 것이다.
자신 있게 공부에 임하거라. 학점 F를 받으면 재수강하면 되니 절대 걱정하지 마라. 아빠는 네가 공부 걱정하는 것만으로도 대만족이다. 너무 쫄거나 울고 속 썩이면 밝은 인상이 울상으로 변한다. 뻔뻔한 사람이 되어라. 모르는 것은 수치가 아니다.… 아빠는 네가 정말 자랑스럽다. 미국 학생 틈에 혼자 끼어 기죽지 않고 공부하려고 애쓰는 모습이 말이다.
상담 선생님께 너무 자주 가지 말고. 2주 후쯤 아빠와 다시 한 번 상의해서 수강철회 등을 결정하자. 너무 걱정하지 마라. 너를 무지무지 사랑하는 아빠가 네가 걱정되어 편지를 보내니 참고하길. 전화하마. 안녕.

딸을 맡았던 지인의 집안에 일이 생겨서 딸을 기숙학교인 사관 고등학교로 전학시켰다. 학교에서 연락을 받고 딸에게 편지를 팩스로 전달했다.

사랑하는 YJ에게
소식이 없이 궁금하여 너에게 팩스를 보낸다. 잘 있니? 엄마와 아빠는 요즘 너무 행복하고 또한 네가 자랑스럽단다. 그 이유는 두 가지다.
첫째, 네가 어려움을 잘 참고 견뎌 학교생활에 잘 적응하고 있기 때문이다.
둘째, 학교에서 편지가 왔는데, 네가 모든 과목에서 좋은 성적을 보인다고 하더라. 특히 대수학을 너무너무 잘한다고 하더

라. 어제는 영어 선생님께서 "네가 너무 열심히 공부하고 있으며, 문법을 아주 많이 안다"고 「학교에서 보내는 기쁜 소식(Good News From School)」이란 엽서를 보내셨더라. 엄마는 그 엽서를 온 동네에 자랑했고 식탁의 네 사진 옆에 진열해 놓았다. 살다가 이렇게 기쁘고 반가운 일이 있을 줄이야.
많이 힘들지? 그러나 네가 열심히 노력하니 좋은 결과가 나타나지 않느냐? 힘들어도 장래를 위해서 잘 참고 견디거라. 언젠가는 네가 정말 훌륭한 사람이 될 것이라고 아빠는 굳게 믿고 있단다. 주위에서 "두고 봐라, 너는 누구보다 정말 크게 될 애"라는 소리를 나에게 하는 사람들이 의외로 많더라.
제발 좋은 학생이 되어라. 네 이미지도 확 바꾸고 말이다.
엄마에게 전화해요. 엄마가 궁금해하신다.
사랑한다. 잘 있거라. 아빠가.

얼마 후 화학 선생님 편지를 받고 딸에게 팩스를 보냈다.

사랑하는 YJ에게
잘 있었느냐? 오늘은 네가 또 엄마를 감격스럽게 하였다. 물론 아빠도 덩달아서 기쁘고 큰 보람을 느끼면서 너를 다시 한번 평가하는 기회가 되었지.
다름이 아니라 화학 선생님께서 우리 가족 앞으로 편지를 보내왔다. 사연인즉 네가 너무 열심히 공부하고 화학에 많은 관심을 두고 있다면서 너를 많이 칭찬하더라. 편지를 받고 엄마는 온종일 좋아서 콧노래를 부르면서 너에 대하여 대단한 자부심을 느끼고 지낸단다. 감격의 눈물을 흘린 것 같다(나의 추측). 물론 외할머니, 이모 등에도 선전광고를 한 것은 두말할 필요도 없지.… 허리 통증도 덜하다고 하시더라. 외할머니는 선생님이 보낸 편지를 거금을 주고 사겠다고 하셨단다. 한마디로 경사가 났다.

이 편지 또한 지난번 영어 선생님이 보낸 것과 함께 식탁에 네가 언니와 꾸중을 들을 때 무릎 꿇고 두 팔을 들고 있는 사진 옆에 진열해놓았다. 엄마 왈, 식탁이 작아서 큰 것으로 바꿔야겠다고 하시더라. 왜냐면 모든 과목의 선생님들께서 네가 잘한다고 계속해서 편지가 오면 진열한 자리가 비좁을 것 같다는 것이 네 엄마의 의견이다.

너는 아빠 엄마에게 기쁨을 두세 배 안겨주는 집안의 보배가 되었단다. 인정도 많고, 머리도 좋고, 의리도 짱이고, 노는 것도 1등이고, 돌아다니는 것은 특등이고.… 그렇지만 네가 이제 마음을 잡고 안정을 되찾아 공부에도 관심이 많은 것 같아서 정말 다행으로 생각한단다.

사랑하는 YJ야, 정말 고맙다. 정말 자랑스럽다. 어려운 유학 생활을 잘 해내고 있으니 말이다. 귀밑에 생겼다는 혹은 어찌 되었는지? 일단 양호실 선생님과 상의하거라.

또 소식 전하마. 학교 규정 잘 지키라는 잔소리와 함께 이만 줄인다. 안녕. 아빠가.

학교에서 금 독수리상을 받았다는 통지문을 받고 딸에게 편지를 썼다. 그 전에 일이 좀 있었다. 갑자기 교감선생님의 전화를 받았다. 딸이 주말에 학교를 무단이탈했다는 것이다. 사관 고등학교 학생은 생도(cadet) 신분이기 때문에 탈영이나 마찬가지였다. 교감은 딸 신변에 무슨 일이 있을지 몰라 경찰에 신고하겠다고 했다. 일이 커질 것 같았다. 그래서 내가 책임지고 복교시킬 테니 경찰 신고는 말아달라고 부탁했다. 딸의 학교를 방문해서 인사를 나눈 적이 있었기 때문에 나의 요청이 통했던 것이다. 수소문 끝에 딸의 소재를 파악했다. 페어팩스 카운티의 친구 집에 있었다. 왜 그랬느냐고 했더니 "친구도 보고 싶고, 학교생활이 지겹고 답답해서 외박신청을 했는데 거부당했다"고 했다. 그래서 저녁때 유리창을 넘어 무단으로 학교를 빠져나왔다고 실토하였다. 참 어처구니없는 일이었다. 잘 타일러서 일요일에 복교시켰다. 가끔 딸에게 농담으로 "야, 탈영병!" 하고 놀리면 저도 당시에 했던 행동이 민망했던지 "에이, 아빠 왜 그래" 하면서 웃어넘겼다.

　　사랑하는 YJ에게
　　어제 네 학교로부터 두 통의 축하 편지를 받았다. 네가 금 독수리상을 받은 것과 일병으로 진급한 것을 지역신문에 보도 자료를 냈다는 내용이다. 정말 축하한다. 어떻게 그런 큰일을 할 수 있었니? 우등상을 타고 또 계급도 없는 사관생도에서 지휘자가 되었다니 말이다.

그곳으로 학교를 옮기고 나서 네가 처음에 못 견디겠다고 학교 허락도 없이 무단으로 캠퍼스를 벗어나 교감선생님이 경찰에 신고한다고 아빠에게 국제전화를 하고 야단법석을 떨지 않았느냐? 너는 힘들다고 엉엉 울면서 집에 전화하여 아빠 속을 많이 상하게 했지. 아빠는 너를 또 다른 학교로 전학시킬까 생각하면서 이곳저곳 편지를 보내곤 했었다. 너를 그곳에 보내고 아빠는 마음이 아파서 정말 힘들었단다.

그런데 불과 4개월밖에 지나지 않았는데 누구보다 잘 적응하고 우등상도 타고 진급도 했으니 이게 어찌 된 일이냐? 그뿐만 아니라 크리스마스 휴가 끝나고 치른 시험을 망쳤다고 속상해하던 네 모습과 비교하니 정말 많이 발전했다는 생각을 하게 된다. 세상에는 알 수 없는 일이 참 많다는 생각을 했다.

학교 편지를 받고 아빠 엄마는 너무 즐거워 이곳저곳에 자랑도 하고 저녁에 밖에 나가 소주 한잔하고 왔지. 엄마가 미국에 너를 보러 갔을 때 네가 엄마를 너무 아끼고 보살펴주었던 이야기, 위험하다고 엄마 혼자 밖에 절대 못 나가게 했던 이야기, 엄마를 가끔 무시했다는 이야기, 엄마와는 대화가 안 된다고 아빠를 찾았다는 이야기, 네가 많은 사람을 너무 웃겨서 배꼽이 들락날락했다는 이야기, 목욕 수건과 무슨 모자를 쓰고 춤을 추었다는 이야기, 대니스(Danny's) 식당에서 주문한 식사가 늦게 나와 매니저를 불러 따져 20% 할인받은 이야기, 학교에 안 간다고 하더니 교문에 들어서자마자 친구들과 만나서 반가워하더라는 이야기, 미국 친구들에게 한국 욕을 가르쳐주었다는 이야기 등등 끝도 없이 많은 이야길 했단다.

결론적으로 네가 무지무지 똑똑하고, 머리도 영리하고, 자존심도 강하고, 구질구질하지 않다는 것, 치사하지 않다는 것, 친구들 사이에서 언제나 짱이라는 것, 그리고 어디에 내놓아도 잘 적응할 것 같다는 데 엄마와 아빠가 동감했단다.

인천에 있는 네 친구 JH가 마침 전화를 했는데 엄마가 네 자랑을 하니, "역시 미국 가서도 짱을 하는군요" 하더란다. 네가 여기서도 언제나 짱이었다며?

YJ야, 정말 축하한다. 정말 큰일을 했다. 나는 네가 버티기만 해도 만족인데 우등상도 받고 계급장까지 따 학교에서 축하 편지까지 보내게 하다니 살면서 이렇게 기쁘고 즐거운 일이 어디 또 있겠니?

솔직히 아빠와 엄마는 언니와 네가 건강하게 잘 있고 또 열심히 공부한다는 것이 가장 기쁜 소식이란다. 아빠는 학교에서 어느 정도 자리가 잡혔다. 엄마도 잘 계신다. 아빠 엄마는 오직 너희들 걱정뿐이다. 지금 플로리다(Florida)에 있는 언니와 네가 건강하고 훌륭한 사람이 되는 것이 아빠 엄마의 꿈이 아니겠니?

YJ야, 사람의 욕심은 끝이 없는 법이야. 좋은 성적을 유지하려고 너무 무리하지 말고 네 능력에 맞게 적당하게 해. 너무 무리하다 건강 해칠라. 무엇보다 건강해야 한다. 그리고 항상 밝은 표정 유지하길 부탁한다. 그 후에 공부도 있고 진급도 있는 것이다.

다시 한번 축하한다. 네가 얼마나 성숙하고 발전했는지 정말 많이 보고 싶구나…

또 연락하마. 정말 잘했다. 장하다. 축하한다. 나의 사랑하는 YJ야, 파이팅. 안녕. 너를 사랑하는 아빠가.

당시 큰딸은 재학 중인 한국 대학에서 미국 플로리다에 있는 엠브리리들항공대학교(Embry-Riddle Aeronautical University) 교환학생으로 선발되어 1년 동안 별도의 학비를 내지 않고 3학년을 다녔다.

그 후 일주일이 지나고 딸에게서 편지가 왔다. 너무 힘들어 견디기 어려워하는 모습이 역력했다.

사랑하는 아빠 엄마께
아까 막 전화하면서 억지 부리다 끊어서 마음이 별로 안 좋아 펜을 든 거예요. 근데 힘든 걸 어떡해…. 〈암튼 죄송해요〉. 엄마도 괜히 신경질 내냐? 아빠는 샤워하다가도 밝은 목소리로 받아주는데…. 엄마가 힘든 만큼 저도 힘들어요. 무슨 말을 어떻게 표현해도 죄송한 마음뿐인 저를 이해해주세요. 참아야지, 참아야지 하면서 생활하는 나 자신이 어떨 땐 자랑스럽기도 하고 어떨 땐 불쌍하고 처량하기도 하고.

대학 때문에 대부분 사람이 얼마나 힘들어하는지 이제는 뼈저리게 느껴요. 공부라는 게 이렇게 사람 골 아프고 욕심나게 하는지도 이제 느끼고.…

미치도록 한국이 그리워요. 또 미치게 대학도 가고 싶고.… 나 어떻게 해야 할지. 나 여기 있는 건 죽을 만큼 싫다. 이런 말 하는 나도 참 불효자식이지. 나는 여기 와서 하나 배운 건 부모님의 소중함 그거 하나다.

엄마 나에게 많은 기대를 걸고 욕심내는 거 알아요. 그 기대에다 못 미칠 때 엄마의 허무함과 실망감이 얼마나 클지도 알아요. 나에 대한 기대를 너무 크게 잡아서 나중에 실망하기보단 나에게 맞춰서 욕심을 조금 줄여주세요.

누구보다 엄마에게 내가 얼마나 소중한지 저는 알아요. 나는 항상 엄마한테는 어른이라는 존경심보단 내 옆에서 나를 사랑해주는 가장 중요한 사람이라는 생각과 내 벗 같은 편안한 마음이 먼저 가는 거 엄마는 잘 알지? 가끔은 엄마가 나보다 더 아기 같다. 아빠는 항상 존경하는 사람이구요. 세상에서 내가 제일 믿고 의지할 수 있는 사람이 우리 아빠다. 아빠가 항상 내 옆에 있다는 생각과 아빠에 대한 존경심과 믿음 때문에 나는 아직 철부지같이 굴어도 불안한 게 없다.

내가 조금만 잘했으면 여기까지 올 필요도 없었는데, 나 자신이 참 미워진다. 부디 저를 이해해주시길 부탁해요. 어쩌면 나한테는 다른 길이 있을까 혼자 망상도 하고, 나란 애는 나 자신조차도 모르겠다는 생각도 해요.

근데 정말 미국이 싫어요. 그냥 아직은 내 마음대로 하고 싶고 마음이 더 편안했으면.… 몸을 조금만 더 편히 쉬게 할 수 있었으면.… 한 가지 외로운 것.… 모든 게 다 미치게 그립다.… 나는 왜 맨날 삐딱선을 타는지.… 이제는 구차한 변명 따윈 안 할게요. 그냥 한국에 가고 싶어 하는 걸 빙빙 돌리는 거야.

토플(TOEFL) 점수만 잘 받았으면 좋을 텐데. 만약 받지 못하면 나 어떡해야 할지.… 너무 많이 울고 싶고 너무너무 마음이 아프다. 이런 말 하는 건 솔직히 자신이 안 선다는 거예요. 그래도 열심히 해볼게요. 만약에 내가 정말 아빠 엄마 기대에 못 미치더라도 제가 엄마 아빠 너무너무 사랑하는 마음으로 대신하면 안 될까? 히히 농담했다.

암튼 엄마 아빠 무척 그리워요. 한국에 있는 하나하나가 정말 미치게 그리워요. 저 데리고 그냥 살지. 제가 하는 데까지 해볼게요. 그리고 설사 기대를 저버려도 저를 이해해주시고 사랑하는 맘 변치 마세요. 제가 하는 데까지 꼭 할게요. 나도 나 자신의 한계를 알아야 할 것 같아요. 어쨌든 보고 싶어요. 너무 그리워요. 그리고 한 가지 더 저를 이해해주세요. 많이 힘듭니다. 사랑하는 두 분 다 너무너무 죄송하구요. 둘째 딸 드림.

이 편지를 받고 아내와 다퉜다. 당장 미국에서 데려오자는 내 입장과 이제 1년만 있으면 졸업인데 그걸 못 참느냐는 아내와 의견이 맞지 않았기 때문이다. 위의 편지와 함께 딸은 다음과 같은 의미심장한 글을 동봉했다. 잘 읽어보라는 주문도 있었다.

    사람에게서 제일 소중한 게 뭘까
    사람에게서 가장 필요한 게 뭘까
    나는 혼자 망상에 빠진다.
    목이 마르다. 가슴이 음식을 원한다.
    무엇을 마셔야 할지, 나는 무슨 음식을 찾고 있는지…
    내 자신에게 물어봐라. 나 자신에게 물어봐라.
    정말로, 단 한 가지 필요한 것을 찾아라.
    목이 마른 걸 달랠까, 마음의 음식을 먹을까.
    나는 혼자 망상에 또 빠져든다.
    힘이 든다. 내 자신에게서
    한심함을 느낀다.
    나는 도대체 뭘까….
    내 가슴에 또다시 음식을 원한다.
    나는 또 갈증이 난다.
    마음이 아프다. 너무 많이 배가 고프고 아프다.
    내 앞에 물이 있다. 내 앞에 시원한 콜라가 있다.
    너무 갈증이 난다. 너무너무 마시고 싶다.
    마음이 무엇인가를 원한다. 마음이 배고프고 아프다.

생각에 잠겨봐라. 잠시 생각에 잠겨라.
마음(心)의 편안함 없이, 마음(心)의 불편함에
그리고 마음(心)의 배고픔에….
나는 아무것도 마시기가 힘들다.
내 목으로 감히 넘어가질 않는다.
가슴이 너무나 많이 배고픔에, 나는 갈증을 달랠 수가 없다.

이 글을 당시에는 그리 심각하게 받아들이지 않았다. 딸을 잃고 다시 읽어보니 유학 생활이 얼마나 외롭고 힘들었는지 알 것 같다. 어려운 가운데 고등학교에서 우등상을 비롯하여 상을 많이 탄 딸이 자랑스럽다. 영어도 잘했고, 보고서 작성이나 발표력이 뛰어났던 딸이다. 딸이 없는데 그런 것들이 무슨 소용이 있는가? 너무 고생을 많이 시킨 딸에게 거듭 미안하다.

그 이후에도 딸과 많은 편지를 주고받았는데 안타깝게 보관하고 있는 것이 없다. 대학에 들어가서는 과제가 부과되면 어떤 방향으로 써야 할지 등에 관하여 문의하고 소식을 주고받았다.

딸이 과제와 관련하여 이메일을 보냈다.

아빠, 밑에 있는 거 커뮤니케이션 숙제야…^.^
교수님께서 점수를 잘 받으려면 교수님이 읽었을 때 무엇인가
남는 말을 쓰랬는데… 진술 내용 자체는 쉬운데, 아빠의 영리

한 머리로, 몇 마디 남을만한 것 좀 써주라잉~ 아님 나에게 아이디어 제공 좀…. 난 1번이나 2번 중 하나 골라서 할 거니까. 아빠가 하나 골라서 메일로 보내줘. 히히~ 부탁 좀 합시다, 교수님 아빠! 알라뷰 아빠.

과제 문의에 대한 답 메일이다.

사랑하는 YJ에게
학기 시작하고 벌써 2주째 주말을 맞고 있구나. 주말에는 푹 쉬고 주중에는 열심히 공부하고. 일주일에 수업이 12시간이니 여유가 있을 것 같구나. 이제 많이 적응했지?
아빠는 다음 주 월요일부터 2학기 강의가 시작된다. 일주일에 10시간, 너보다는 2시간 짧지만 배우는 것보다 가르치는 것이 무척 어렵단다. 과제에 대하여 생각해보았는데 1번이 좋을 듯 싶구나. 아빠 의견을 참고했으면.… 영어가 잘 안 된다. 또 연락하자. 아빠가.

새 학기 수강 신청을 마치고 강의가 시작되자 딸이 보낸 이메일이다.

오늘 스케줄 짰습니다…. 전공을 나중에 바꿀 수도 있으니깐 이번엔 모조리 교양과목입니다. 졸업 필수 교양과목만 골라서 지도교수랑 상의했고 스케줄 보내드릴게요. 18학점인데 좀 벅

찬 감이 있지만 잘 견디겠습니다!…

그리고… 아빠야… 내 논문 하나만 도와주라…. 보고서 쓸 게 넘 많아서 도움 좀 부탁, 아바마마!

아무튼, 저는 열심히 학기말 시험 준비합니다. 전화드릴게여~~

아빠 사랑해!! 마니마니~

대학 재학 중 내 생일 때 딸이 보낸 편지를 소개한다.

사랑하는 아빠!

아직 아빠 생일이 이틀이나 남았지만, 미리 이렇게 편지와 제 마음을 글로 써요. 우선 아빠의 생신을 진심으로 축하해요!!! 난 아빠가 아직도 40대 후반으로 생각했던 거 있죠…. 우리 아빠는 절대 50세가 넘을 거로 생각하지 않았었는데, 제가 성숙해가는 만큼 엄마 아빠두 한 해 한 해 나이가 들어가네--

그동안 못난 이 말썽꾸러기 때문에 마음고생하신 거 아빠의 생일을 계기로 미안하게 생각해요. 그리고 천천히 다 갚아드릴게요. 이제 아빠 딸도 숙녀, 어른이 되었으니 아빠 엄마한테 지금보다 항상 발전하고 성숙해지는 모습만 보여드릴게요. 공부도 열심히 해서 졸업할 때까지 엄마 아빠가 사랑하는 만큼 최선의 노력을 기울여 열심히 생활할게요.

내가 맨날 아빠한테 장난만 치고 아빠 못살게 굴어도 나는 정말 아빠 없이는 살 수 없는 그런 막내딸이야. 그만큼 아빠 사랑한다는 소리예요.
나의 정신적 지주, 나의 존경스러운 우리 아빠.
아빠 정말 하늘만큼 땅만큼 사랑해!
언제나 건강하세요.
우리 아빠!! 사랑해-
아빠의 ××째 생일날 막내딸 드림.

  내가 둘째 딸을 미국에 동반한 것은 유학 경력을 2년 이상 쌓으면 대학 특례입학 자격을 획득할 수 있다는 것이 주된 이유였다. 더불어 영어 하나라도 완벽하게 익히면 좋을 것 같다는 욕심도 작용했다. 솔직히 좋은 대학을 보내겠다는 과욕이 앞섰기 때문에 딸을 미국에 데리고 간 것이다. 하지만 딸이 보낸 편지를 보면 유학 생활이 얼마나 힘들고 외로웠는지 충분히 짐작할 수 있다.
  딸을 떠나보내고 나서 '만일 미국 유학을 보내지 않았더라면' 하는 부질없는 생각도 해봤다. 미국에 혼자 두고 온 것이 정신건강을 해치는 화근이 된 것 같다고 봤기 때문이다. 멀리 떨어져있으면서 가족도 보고 싶고, 집도 그립고, 친구들과 어울려 놀기를 너무 좋아하던 딸이라 누구보다 더 많은 외로움을 느꼈을 것이다. 딸 못지않게 나와 아내도 딸이 많이 보고 싶었다. 혼자 있는 딸도 힘들었지만, 딸을 멀리 떼어놓은 나와 아내도 똑같은 심정이었다. 고생하는 모습이 너무 안쓰러웠다.
  미국에 혼자 두고 오면서 많이 울었다. 미국을 방문할 기회가 있어 딸을 만나고 헤어져 돌아서는 길이 너무 힘들었다. 한번은 작별 인사 후 워싱턴 D.C. 덜레스(Dulles) 공항으로 향하다가 딸이 너무 보고 싶어서 차를 학교로 되돌린 적도 있었다. 체육 시간에 운동장에서 수업 중인 딸을 멀리서 바라만 보고 되돌아오는 마음은 애절했다. 공항으로 향하는데 비도 오고 눈물도 나서 앞이 보이지 않아 운전이 힘들었다. 귀국하자마자 딸에게 편지를 보냈다.

나의 사랑 YJ에게

YJ와 헤어져 공항으로 떠나면서 사발면과 전화카드를 사갖고 너를 한 번 더 보고 와야겠다고 학교로 돌아갔더니 운동장에서 체육수업 중이라 멀리서 네 모습만 보고 왔단다. 공항 가는데 비가 엄청나게 쏟아져서 앞을 볼 수가 없었다. 한 시간 반 정도 걸리는 거리를 두 시간이 훌쩍 지나 도착하였다. 아마도 YJ를 두고 오는 아빠의 심정을 하늘이 알고 비를 내린 것 같더구나. YJ는 어려서부터 아빠 마음을 아프게 했었지? 하와이에서 유아원에 다닐 때 "아빠 나 여기 두고 가면 보고 싶지 않으세요? 5분만 더 있다 가세요" 한 적이 있었는데, 지금도 내 마음을 아프게 하고 있구나.

아빠는 YJ가 어떤 어려움이 있더라도 잘 견딜 것으로 믿고 있단다. YJ는 자존심도 강하고, 한번 한다면 반드시 끝장내는 성격이기 때문에 몇 주가 지나 그곳의 생활에 익숙해지면 부지런한 딸, 용기 있는 딸, 실력 있는 딸로 거듭날 것이라고 믿고 있단다. 학교에서 두 명이나 자퇴했다는데, YJ는 잘 버티고 있으니 역시 우리 YJ라는 생각이 드는구나.

YJ야, 너에게 있어서는 아마도 마지막 어려운 고비가 온 것 같구나. 모든 사립학교는 정도의 차이는 있지만, 규율이 엄격하다고 하더라. 어떤 한국 학생은 한국 고등학교보다 미국 사립학교가 더 어렵다고 한다더라.

시간은 흘러가게 되어있단다. 아무리 힘들어도 하루가 지나고 또 하루가 지나면 추수감사절이 다가오고, 또 3~4주 있으면 크리스마스 휴가가 오고, 그러다 보면 한 학기가 끝나게 되어 있단다. 그러니 힘들어도 잘 참아달라고 부탁하고 싶다. YJ가 힘들어하는 것을 누구보다 잘 아는 아빠가 조금만 더 참아달라고 부탁하는 것이 미안하기 그지없구나.

YJ야, 한 1년 동안만 모든 것을 다 버리고 그곳 생활에 익숙해지도록 노력하거라. 그러면 앞으로 네 장래는 밝고 희망찬 날이 올 것 아니냐? 지금 이 고비를 잘 넘기지 못하면 다른 길을 찾는 것이 막막하지 않겠니? 기왕에 하는 것, 가벼운 마음, 즐거운 마음으로 학교생활에 임하거라. 하기 싫어하면서 억지로 하면 더 힘만 들고, 짜증만 나고, 인상만 써지고, 피곤한 법이다. 기왕에 하는 것 최선을 다하거라.

조금 있으면 YJ는 우리 집안의 누구보다도 부지런하고 건강하고 매사에 적극적인 사람이 될 것이라고 확신한단다. 아빠는 한시도 YJ를 잊지 않고 있으니 힘을 내거라. YJ를 아끼고 사랑하고 돌봐주는 아빠가 있다는 것을 염두에 두거라. 그리고 너를 위해서 제주도 수녀원 등에서 많은 기도를 하고 있단다. YJ에게는 앞으로 좋은 일이 많을 거야. 오늘의 어려움은 YJ를 더 잘 되게 하려고 너를 시험하는 것으로 생각하고 마음 단단히 먹거라.

혹시 밤에 자는데 춥다면 학교에서 준 이불과 네 담요 있으니 덮고 자라. 춥게 자면 안 된다. 그리고 겨울 내의가 필요하면 전화하거라. 사서 보내줄게. 또 룸메이트와 잘 지내거라. 공동생활을 통해 더불어 사는 법과 사회를 배우는 것 아니냐?

무슨 일이 있으면 나는 너를 다 이해하니까 아빠에게는 숨기지 말고 언제든 연락하거라. 변비가 있으면 학교에 이야기해서 약 꼭 먹도록 하고.

다시 한번 잔소리한다. YJ의 사사로운 욕심 다 버리고 오직 잘 적응하기를 바란다. 건강하게 잘 있길 빌게. 아빠가 자주 편지하마. 그리고 최소한 1주일에 한 번은 꼭 여기에 전화해라. 너무 궁금하니 말이다. 크리스마스 때는 엄마가 가시도록 하겠다. YJ야, 힘내라. 나의 사랑하는 YJ야. 아빠가.

미국 유학 중 충분하게 뒷바라지해주지 못하고 고생시킨 것이 그렇게 미안할 수가 없다. 학비 이외에 생활비나 용돈을 턱없이 적게 보냈다. 절대 부족한 생활비와 용돈을 보낸 것이 너무 마음에 걸린다. 미국 방문 기회에 딸한테 가서 신용카드 이용대금을 갚아준 적도 있었다. 은행에 줄을 서서 기다리던 중 미국인과 대화하면서 딸의 신용카드 빚을 갚아주러 왔다고 했더니 "그것이 부모가 하는 일"이라고 해서 웃었다. 생활비가 팍팍한 가운데도 열심히 공부해서 제때에 학업을 마치고 우등상까지 받아 지역신문에 기사가 나오는 등 억척스럽게 유학 생활을 성공적으로 마친 딸이 자랑스럽다. 그렇지만 카드 대금을 갚아줄 딸이 이제 내 곁에 없다. 다시 볼 수도 없다.

딸은 어려운 학교 공부와 외로움 그리고 넉넉하지 못한 생활비 때문에 정신적으로 많은 상처를 받은 것 같다. 딸과 전화통화를 하거나 편지를 보낼 때는 빠짐없이 "너무 힘들다. 외롭다. 귀국하고 싶다. 한국에서 열심히 공부하겠다" 등등의 이야기를 빼놓지 않았다. 딸의 힘든 처지를 압축적으로 표현한 것은 딸 편지에 동봉된 앞에 소개한 글을 보면 알 수 있다. 당시에는 글의 진정한 의미를 잘 파악하지 못했다. 지금 읽어보니 정신적으로 방황이 매우 심했던 것을 알게 되었다. 의미심장한 내용인데, 심각하게 받아들이지 않았다. 그런데도 "조금만 더 참아라. 너는 할 수 있어. 유학 중인 너를 주위에서 얼마나 많이 부러워하는지 아느냐. 기왕에 시작한 거 유종의 미를 거두자. 조금만 더 참고 견디면 진짜 좋은 일이 있을 거야. 힘내"라고 달래면서 용기를 주었다.

나는 힘들어하는 딸의 모습이 너무 애처롭고 안타까워서 대학이고 뭐고 다 포기하고 귀국시켰으면 좋겠다는 생각도 했다. 하지만 아내는 기왕에 시작한 것 마무리해야 하고, 그동안 얼마나 고생이 많았고 경비가 들었는데 여기서 중단하면 모두 허사가 되지 않느냐는 생각이었다. 딸의 유학 중단 여부를 놓고 아내와 여러 번 다투기도 했다.

딸은 미국 유학 덕분에 영어가 능숙하여 귀국 후 외국계 직장에 취업이 유리했던 장점은 있었다. 하지만 어린 나이에 혼자 힘들었던 유학 때문에 딸에게 정신적으로 심한 갈등과 고통을 안겨준 것은 사실이다. 유학 생활이 너무 힘겨워 자신의 정체성, 자신의 진로, 처한 현실 등에 대한 고민이 매우 컸던 것 같다. 좋은 대학을 보내려고 유학시킨 부모의 과욕이 결과적으로 딸을 아주 힘들게 했던 것 같다. 어려서 혼자 겪은 고통과 외로움이 딸을 야무지게 한 측면도 있었지만, 정신적인 트라우마를 안겨준 것 같아 너무 안쓰럽다.

남에게 지기 싫어하고 자존심이 강한 딸은 어려운 과정을 극복하기 위해서 오기를 부렸을 것이다. 자소서에 유학생들 사이에서 자기를 '독사 같다'고 하는 말을 들었다고 썼다. 힘든 유학 생활을 견디기 위해서 안간힘을 쓰는 과정에 육체적으로 지치고 정신적으로 많은 고통을 받았을 것을 생각하니 그렇게 미안할 수가 없다. 자식 잘 되라고 경제적으로 어려운 가운데 힘들게 유학을 보냈지만, 결국 치유할 수 없는 마음의 상처를 남겼고, 삶에 대한 부정적인 태도를 형성하게 한 것 같다. 유학 중 겪은 심한 심적 갈등과 고통이 삶에 대한 회의라는 부작용으로 나타난 것 같아 무척 죄스럽다. 이 자리를 빌려서 부모 욕심 때문에 결과적으로 딸에게 큰 고통을 안겨준 것에 대하여 용서를 구한다.

친구를 끔찍하게 사랑했던 딸

딸은 친구를 끔찍하게 사랑했다. 딸이 중학교 때 학교에서 있었던 일을 이야기해준 적이 있다. 친구들 사이에 말썽을 피우는 학생이 있으면 몇 명이 모여서 혼내주었다고 했다. 물리적 폭력을 행사했느냐고 물었더니 친구들에게 손찌검은 절대 하지 않는다고 하면서, 진상인 학생이 있으면 불러서 다시는 그러지 말라고 타이르고, 때로는 겁도 준다고 했다. 선생님이 이 사실을 알고 현장에 나타나면 다른 친구들은 모두 도망치게 하고 자신이 혼자 그랬다고 덮어쓰고 교무실에 끌려가 벌을 받았다고 한다. 그래도 절대 함께 있었던 친구들의 이름을 대거나 다른 친구들에게 책임을 떠넘기지 않고 혼자 덮어썼다고 했다. 당시에는 학교 현장에서 그런 일이 자주 있었던 것은 사실이다. 요즘 수십 년 전 학창 시절에 당했던 학폭 피해 사실을 폭로하여 가해자들이 곤혹스러워하는 일이 많아진 것을 보면 말이다.

딸이 중학교 때부터 죽고 못 사는 절친인 HJ에 의하면 중학교 때 수학여행 가서 같은 방 친구가 술을 가져온 것을 선생님에게 들켰다고 한다. 모두 일어나 기합을 받으면서 누가 가져왔는지 찾고 있었다고 한다. 딸은 분명 범인이 아니었는데도 '제가 가져왔다'고 자청해서 혼자 전적인 책임을 지고 벌을 받았다고 한다. 딸은 모범생은 물론 소위 일진 친구도 두루두루 사귀었다고 한다. 반장 선거에서 HJ가 딸을 후보로 추천했는데 당선되었다고 한다. 담임 선생님은 뭐가 걱정스러웠는지 양보하라고 해서 딸이 포기한 적도 있다고 했다. "YJ는 그냥 제 마음속 일등 친구예요.… 하나하나 전부 착하고 의리 있고 당당하고 멋진 내 친구예요"라고 HJ는 회상했다.

둘째 딸은 친구에 대한 의리가 대단했다. 책임감도 남달랐다. 그런 의리 있는 행동이 쌓이고 쌓여 자연스럽게 좋은 친구들을 많이 사귀었다. 친구를 좋아하지 않는 사람이 어디 있겠는가마는 딸은 유독 친구들을 사랑했다. 많은 친구와 관계가 매우 돈독했고 끈끈했다. 후배 사랑도 남달랐다.

딸의 고등학교 후배 OG는 "내게 너무 고맙고 나를 귀여워해준 누나. 처음부터 지금까지도 항상 변함없이 나를 걱정해주고 보살펴줘서 너무 고맙다. 나중에 성공하면 누나부터 찾을게. 약속!… 처음 와서 아무것도 모를 때 누나가 있어서 정말 큰 힘이 되었어. 나의 든든한 백"이라고 졸업 앨범에 글을 남겼다. 그러면서 "학교에서 만날 때마다 '잘 지내, 힘들지' 하고 물어봐주었지. 나를 신경 써주는 사람이 있다는 게 얼마나 큰 힘인지"라고 썼다. 후배 JE는 "모두 너무 힘들었는데, 언니가 나를 잘 토닥거리면서 '1년 금방 지나간다. 조금만 참자'고 했던 거 다 생각난다"고 했다. 미국 친구 다나(Dana)는 "최고의 친구"였다고 하면서 "너무 영리해서 뭐든지 잘할 것"이라고 했다.

딸이 많이 아끼던 대학 후배 HN는 언니가 저에게 "항상 대견하고 자랑스럽다"고, "우리 HN 내 주변 사람 중에 제일 멋있다"고, 그리고 "우리 HN 너무 이뻐. 너는 모를 거야, 네가 얼마나 이쁜지. HN아, 외모가 이쁜 게 다가 아니야. 넌 마음이 너무 이뻐서 사람들이 싫어하고 싶어도 싫어하지 못해. 그걸 알아야 해 HN아. 우리 HN 너무 사랑스럽고 이뻐"라며 늘 격려하고 사랑을 표현했다고 한다. 또한 "핏줄도 아닌 저에게 본인도 막내면서 언니 노릇을 하며 무한한 사랑을 줄 수 있는 사람이 이 세상에 과연 몇 명이 있는지. 제 주변에도 오래된 친구들이 많지만, 언니같이 아무 조건 없는 사랑과 무한한 사랑을 줄 수 있는 사람들은 없습니다"라며 안타까워했다.

딸과 대학 때부터 매우 가깝게 지내 우리 집에서는 셋째 딸이라고 부를 정도로 친자매와 같은 SY는 "내가 공연 일을 할 때 브라질 살바도르(Salvador)에서 열리는 음악 축제에 혼자 가야 했다. 약 일주일 여정이었지만 비행기 왕복 시간만 48시간이어서 함께 가려면 최소 8일의 휴가를 내야 했지만 YJ가 갑자기 휴가를 내서 나를 쫓아왔다. 정말 급작스러운 둘만의 여행이었다. 나는 혼자 가는 것보다 함께 가는 게 속으로는 너무 좋았지만 일 때문에 가야 해서 혹시나 YJ를 챙기지 못할까 봐 호텔에만 있을 수 있다고 미리 으름장을 놓았다. 하지만 비싼 항공료와 장기간의 휴가 기간을 생각하면 정말 YJ만이 할 수 있는 의리 있는 결정이었다"라고 회상했다. SY가 남미에 혼자 가는 것이 몹시 불안하다고 하여 관광 겸 동행했다는 이야기를 한참 후에 들었다.

둘째 딸은 친화력도 뛰어났다. 붙임성이 좋아서 사람들과 잘 어울리고 애교도 넘쳤고 싹싹했다. 대학 친구 CJ는 "의리 있고 정 많고 애교 많았던 사랑스러운 YJ. 함께했던 시간만큼 돌아보면 생각나는 찰나의 순간들이 많다. 하루는 YJ가 우리 집에 놀러 왔다. 식탁에 앉아서 아무렇지 않게 우리 엄마한테 애교 섞인 목소리로 마치 친엄마한테 말하듯 '생선 가시 좀 발라주세요~'라고 한다. 나도 엄마에게 가시를 발라달라고 한 적이 있었나 싶은데, 너무 자연스럽게 말하는 저 귀여움에 우리 엄마도 어느새 YJ 밥에 생선 살을 올려주고 계신다. YJ 특유의 친화력. 누구에게나 편하게 다가가던 꾸밈없던 털털함. 그래서 외모도 쿨하지만 내면도 쿨했던 친구"라고 회상했다.

대학 선배 UJ는 "눈이 많이 내렸던 어느 겨울 인디애나 블루밍턴, 영하 날씨에 민소매 티에 어깨가 보이게 흘러내린 티셔츠를 덧입고 나타나 첫인상부터 강렬했던 YJ… '그런 YJ와 내가 친해질 수 있을까'라고 생각할 틈도 없이 두 번째 만남부터 '언니~~' 하며 멀리서부터 뛰어와서 안기는 친근함에 사랑스러운 친동생이 생긴 것 같았다. 그날부터 자연스레 나는 YJ를 애칭처럼 '유댕아'라고 부르기 시작했던 것 같다"고 했다.

SY는 딸과 브라질을 함께 갔을 때 "여자 둘이서 브라질 밤거리를 돌아다니기는 위험하지만 YJ만의 특유의 친화력으로 브라질 친구 및 유럽 축제감독들과 쉽게 친해져 우리는 많은 가드(guard)와 함께 현지인처럼 브라질을 즐겼다. 일 때문에 갔지만, 나에게는 다음에 절대 없을 여행이었다"고 했다.

　딸의 슬픈 소식을 딸 직장, 친구와 후배, 학교 동창에게만 알렸다. 내 형제자매 이외에 친척은 물론 친구나 지인 아무에게도 알리지 않았다. 딸을 앞세운 것이 부끄럽고 죄스럽고, 또한 누구의 어떤 말로도 위안이 될 것 같지 않았기 때문이다. 사실 딸을 잃고 누가 위로해도 전혀 도움이 되지 않았다. 진심 어린 위로의 말도 귀에 전혀 들리지 않았다. 솔직히 오히려 딸 이야기를 아예 꺼내지 않는 것이 도와주는 것이었다.

　딸의 슬픈 소식을 주위에 알리지 않아 마지막 떠나는 장례의식이 너무 외롭고 쓸쓸하지 않을까 걱정했지만, 수백 명의 친구와 직장 선후배 동료들이 몰려왔다. 대부분 자기 가족을 떠나보낸 것보다 더 슬프게 몸을 떨면서 통곡하는 모습을 보였다. 진심에서 우러나 슬퍼하고 몸부림치는 친구들이 너무 많아 헤아릴 수조차 없었다. 빈소를 밤새워 지키는 친구도 많았다. 제주도 봉안당까지 찾아간 친구들도 한둘이 아니다. 오히려 유가족이 민망할 정도로 친구들이 더 슬퍼했다. 친구들의 그런 모습에 유가족의 가슴은 더 미어졌다. 친구들과 덩달아 울지 않을 수 없었다.

　HJ는 딸이 세상을 떠난 뒤 너무 슬프고 미안하고 죄책감에 시달려 운영하던 선물가게를 한 달 넘게 문을 닫았다고 한다. 5월이 한창 성수기인데도 불구하고 영업을 아예 중단했다는 것이다. 그 모습을 지켜보던 HJ의 딸이 편지를 썼다고 한다. "엄마가 거북이(딸의 별명) 이모 따라갈까 봐 너무 무섭다"고⋯.

HN은 "요즘처럼 험난한 사회 속에서도 언니는 순수함을 잃지 않고 그저 있는 그대로 사람들을 대하고 살았던 것이 언니가 떠나고 나서도 항상 그리워하고 슬퍼하고 아파하는 이유가 아닐까 생각해요"라고 말했다. 그러면서 "언니는 그렇게 잘 놀았으면서 공부도 잘하고 일도 잘하고 똑똑하고, 그런 언니가 늘 존경스러웠습니다", "언니의 카리스마 때문에 제가 조심을 했습니다", "언니는 제 인생의 롤모델이었습니다"라면서 눈물을 삼켰다.

  딸은 친구를 끔찍하게 생각했다. 내가 특정 친구의 행태가 거슬려 그 친구와 어울리는 것을 자제했으면 좋겠다고 하면 버럭 화를 낸다. 나를 질책하는 것은 이해하지만 자기 친구들을 비난하는 것은 도저히 용납할 수 없는 일이라고 했다. 어쩌다 친구들을 평가하면 친구 이야기는 아예 꺼내지도 못하게 하였다. 잘못이 있으면 모두 자기 책임이지 친구들을 탓하는 것은 옳지 않다고 강변하였다.

  친구들에 대하여 험담하는 모습을 단 한 번도 본 적이 없다. SY는 "우리 둘 다 뒷담화와 거리가 먼 성격이라서 그런지 지내다 보니 대학생 때 가장 친한 친구가 되어있었다. 나는 한 번도 YJ 첫인상을 지인들에게 말해준 적이 없다. 그냥 자랑스러운 친구, 잘나가는 친구 혹은 나의 돌아이 친구라고 간략히만 소개했던 거 같다. 갓 미국에 도착한 나에게 YJ는 이미 반 미국인으로 보였다. 영어도 잘하고 외국 친구들이랑 잘 노는 YJ와는 친해지기 어려울 거라고 생각해서, YJ가 말을 걸어도 처음에는 형식적으로 대답했던 거 같다. 하지만 솔직하고 뒤끝 없는 친구여서 편안하게 내 모습을 보여줄 수 있었던 타지에서의 첫 친구…"라고 회상했다. 그러면서 "어떻게 보면 브라질 정서가 YJ에게 제일 잘 맞았던 거 같다. 아무것도 재촉하지 않는 사람들… 음악을 사랑하고 사람들을 좋아하는 브라질인 정서… 남 이야기보다 자신의 이야기 하는 것을 좋아하는… 현재 감정에 충실한…"이라고 아쉬워했다. 그리고 "전생에 알던 사람이 스쳐 지나가면 귀에서 라디오 주파수 같은 '윙' 거리는 소리가 들린다고 하던데 YJ야, 우리 다음에 브라질에서 만나자"고 하면서 울먹였다.

학교 친구, 특히 서울대학교 경영전문대학원 동기들과 깊은 인간관계를 맺었다. 딸이 세상을 떠났을 때 대학원 동기들이 조를 편성해, 밤낮없이 빈소를 지키고 접수, 안내, 문상객 접대 등 궂은일을 도맡았다. 장례식 때 영정사진을 들어주고 운구(運柩)는 물론 장례비 정산과 승화원에서 식권까지 챙길 정도로 조직적으로 장례 절차를 도왔다. 얼마나 꼼꼼하고 체계적으로 일을 잘 처리하는지 경영학도의 실력을 유감없이 발휘하였다. 대학원 동기들의 헌신적이고 조직적인 봉사 덕분에 유가족은 장례 기간 중 신경 쓸 일이 별로 없었다. 동기생들이 너무 고마웠다.

둘째 딸은 친구를 사귀어도 아주 깊게 인간적으로 평생 함께 가야 할 정도로 끈끈한 인연을 맺었다. 죽고 못 사는 친구들이 많았다. 딸의 절친들을 우리 가족이 거의 다 알고 지낼 정도로 교류가 빈번했다. 딸 친구들이 무슨 일이 있어서 집을 나오면 딸이 출근하고 없는 집에 혼자 문을 열고 들어가 며칠씩 머물 정도였다. 내가 딸 친구들의 결혼식 주례를 여러 번 섰고, 딸 친구의 부모님들과도 잘 알고 지낼 정도로 친구들과 사이가 유별났다. 우정도 남달랐다. 절친들은 의리와 사랑으로 똘똘 뭉쳤다. 친구들에게 많이 베풀었고 친구들 일이라면 열 일 제쳐놓고 앞장섰다. 딸이 죽은 뒤에도 아내 생일 때 친구들이 화장품 등 선물과 함께 "자주 찾아뵙지 못해도 엄마도 YJ도 항상 저희 마음속에 있어요"라는 글을 보냈다.

 딸의 제주 봉안당 추모의 글 중에 "네 슬픈 소식을 듣고 달려와 오열하는 수많은 친구를 보면서 비록 짧은 생이지만 우리 YJ 참 잘 살았다고 생각했다"는 내용도 있다. 딸 친구들의 안부 전화가 자주 걸려온다. 형제 이상 돈독하게 우정을 나누었던 많은 친구의 연락을 받으면 오히려 딸을 잃은 슬픔이 더 커진다. "아부지" 하면서 따르던 딸 절친들을 만나는 것이 솔직히 힘들다. 그들을 만나면 반갑지만 딸 생각이 너무 간절해지기 때문이다.

당차고 야무지고 독특했던 딸

둘째 딸은 성격이 유별났다. 중학교 때 장래 희망을 '카페 주인'이라고 적어내서 교무실에서 화제가 되었다고 한다. 많은 학생이 장래 희망 직업으로 교사, 간호사, 약사, 의사, 연예인, 경찰, 군인, 공무원, 법조인, 요리사, 연구원, 과학자, 비행승무원, 조종사, 사회복지사, 건축가, 사업가, 경영인 등등 다양하게 써냈는데 유독 둘째 딸만 카페 주인이라고 했다는 것이다. 교생실습을 나간 제자들을 격려 지도차 딸의 학교를 방문했는데 담임 선생님이 그 말을 전해주면서 "참 독특한 애"라고 하였다.

지금은 골목마다 건물마다 카페가 즐비하지만 20년 전에는 카페가 지금처럼 흔하지 않았다. 딸에게 앞을 내다보는 안목이 있었다고 좋게 생각하려고 한다. HJ에 의하면 중학교 때는 물론 사회생활을 하면서도 자신이 좋아하는 에픽하이(Epik High)나 롤러코스터(Roller Coaster) 등의 음악을 온종일 틀어놓는 카페를 운영하는 것이 꿈이라고 했다고 한다. 자기가 운영하는 카페에서 좋아하는 음악 들으면서 살려고 했던 것이다. SY는 "나의 20대와 30대를 꽉 채

위준 친구인 YJ와 나는 특히 록 음악을 좋아하는 코드가 맞아서 유학 생활을 하는 동안 그리고 한국에 돌아와서 우리는 항상 즐거움을 찾아다녔다. YJ와 함께 본 첫 음악회인 '세인트루이스에서 본 그린데이 콘서트'도 나에게 너무 짜릿했던 기억이다. 그때 오프닝 밴드였던 마룬5의 'This Love'가 엄청 유명해져서 그런지 그 콘서트 추억은 우리에게는 대학생 때의 우정이 준 훈장 같았다. 그 후에도 우리는 항상 음악과 즐거움만 찾아다녔다"라고 회상했다.

중학교 때의 일이다. 말썽을 부리고 말을 듣지 않아 회초리로 종아리 좀 맞아야 한다고 했더니 바지를 걷어 올리면서 "아빠 원하는 대로 하세요" 했다. 딸에게 매를 든 적은 처음이자 마지막이었지만 그 당시의 난처함을 아직도 잊을 수 없다. 잘못했다고 하면 될 일을 마음껏 종아리를 치라고 하니 얼마나 당황했는지 모르겠다. 아내가 순간 끼어들어 체벌을 가하지는 않았지만 배짱이 두둑하고 겁이 없었다. 용기도 뛰어났다. 아내는 참 독한 계집애라고 했다.

미국에서 고등학교에 다닐 때 일이다. 저녁을 먹고 집 근처 맥도날드에 커피 마시러 간다고 나갔다. 얼마 안 있어 집 근처에서 헬기 소리가 요란하게 들렸다. 깜짝 놀라 나가봤더니 경찰 헬기가 출동하여 하늘에서 라이트를 비추고 있었다. 분명 무슨 사고가 난 것 같았다. 딸이 집에 돌아올 때가 되었는데도 오지 않아 궁금했다. 한참 지난 뒤 얼굴이 시뻘겋게 달아오른 딸이 돌아왔다. 무슨 일이 있었느냐고 했더니 헬기가 자기 때문에 출동했다는 것이다.

맥도날드에서 혼자 커피를 마시고 있는데 수 명의 멕시코 애들이 시비를 걸면서 동양인이라고 욕을 하더라는 것이다. 그것을 참고 있을 딸이 아니었다. 말다툼이 나고 결국 몸싸움이 벌어지자 맥도날드 근무자에게 경찰에 신고해달라고 요청하니 도망을 치더라는 것이다. 따라가 두들겨 맞으면서도 경찰이 출동할 때까지 한 학생만 잡고 늘어진 것이다. 결국, 헬기가 출동하여 그 학생을 연행했다. 얼마 후 법원에서 참고인으로 증언차 출두하라는 통지가 와서 그들이 재판에 회부되었다는 사실을 뒤늦게 알았다. 처벌을 원하지 않는다고 하면서 법정에는 출석하지 않았다. 딸은 겁도 없고 매우 당차고 다부진 데가 있다.

둘째 딸은 영리하고 판단이 빨랐다. 머리가 명석하고 재치와 순발력도 뛰어났다. 대학기숙사에서 이런 일도 있었다. 마트에 가서 생활용품 몇 가지를 쇼핑하고 기숙사로 돌아왔는데 린스(rinse)가 없었다. 분명히 샀는데 오다가 어디엔가 빠뜨린 것 같았다. 외출하려고 기숙사 관리실 앞을 지나는데 린스가 거기에 있었다. 딸이 내 것이라고 하니 근거를 대라고 했다. 영수증도 버린 상태였다. 잠깐 기다리라고 하더니 방으로 뛰어 올라가 샴푸를 들고 내려왔다. 그리고 담당자에게 샴푸를 보여주면서 "당신은 샴푸를 살 때 린스와 짝(pair)으로 사느냐, 아니면 각각 사느냐"고 물었다. 린스 문제는 금방 해결되었다.

딸이 미국에서 귀국하고 직장을 잡기 위해서 2006년에 준비한 자기소개서가 있다. 거기에 자신에 대한 장단점을 이렇게 표현했다. 장점은 첫째, 변화되는 환경에 적응력이 뛰어나고, 사교성이 좋다고 했다. 미국 사관 고등학교에 입학해서 홀로 한국 학생이라는 외로움과 소외감 역시 빼놓을 수 없는 인생의 어려움이었지만 발랄하고 명랑한 성격 덕분에 남들보다 빨리 적응했다고 썼다. 딸은 임기응변, 순발력, 위기 대응력이 뛰어났고 매우 영리했다. 이는 잦은 전학과 이사가 낳은 순기능 중의 하나라고 볼 수 있다.

둘째, 한번 마음을 먹으면 끝장을 보는 성격이라고 했다. 특히 유학 중 억척같이 버텼다고 했다. 문화 충격, 생소한 교육환경, 엄격한 학사관리, 부족한 영어 실력, 넉넉하지 못한 생활비, 외로움 등등을 잘 이겨냈다. 고등학교 시절에는 전교에서 한 명밖에 받지 못하는 장학금도 탔고, 우등상도 여러 차례 받았을 정도로 다부지게 도전하는 성격이었다. 고등학교를 세 번이나 옮겼고, 대학 편입학을 했는데 모두 제때에 졸업했다. 유학 중 어려움이 한둘이 아니었지만, 자신과의 싸움에서 이겼다고 했다.

셋째, 리더십과 책임감이 강하다고 했다. 그룹 토론 등에서 항상 주도적인 역할을 했고, 책임진 일은 무슨 일이 있어도 끝까지 완수하는 근성이 있다고 밝혔다.

단점으로는 사람을 너무 잘 믿는 경향이 있으며, 한 가지 일에 지나치게 집착한다고 했다. 그리고 사소한 일에 너무 예민하게 반응하는 단점이 있다고 했다. 이런 단점 때문에 대인관계에서 상처를 받는 경우가 많다고 했다. 내가 봐도 한 곳에 빠지면 끝장을 볼 정도로 끈질겼고 집념이 강했다. 한번 마음이 가면 포기할 줄 모르고 고집스럽게 빠져드는 경향이 있었다.

자신의 인생관과 가치관에 관하여 첫째, 하고 싶은 일을 하자, 둘째, 내가 존중받고 싶으면 남을 먼저 배려한다, 셋째, 책임지는 삶을 살자는 등의 내용을 자소서에 썼다. 이 세 가지는 모두 서로 연관성이 있으며, 저는 이들을 가장 큰 인생의 교훈(lesson)으로 삼아 항상 마음속에 간직하고 제 삶을 꾸려가고 있다고 했다. 하고 싶은 일을 함으로써 보람과 재미를 느끼고 싫증을 내지 않는 것이 중요하다고 했다. 그리고 인간 사회의 근본은 원만한 대인관계에 있으며, 그 기초는 상대방에 대한 존중(respect)에서 출발한다고 했다. 항상 책임지는 삶은 자신뿐만 아니라 가족과 이웃 그리고 나아가 나라에도 큰 도움이 되고, 후회 없이 살아가는 데 기본이 된다고 했다.

취미는 공연, 콘서트 등의 문화 활동을 즐기는 것이고, 특기는 영어 보고서 작성이라고 했다. 이는 보고서 작성과 발표 수업이 일반화된 미국 교육의 덕을 본 측면도 있지만 어려서부터 원래 자기표현력이 뛰어났다.

둘째 딸이 좋아하는 음식은 월남 쌀국수 그리고 매운 고추장찌개와 낙지볶음이었다. 나는 미국에서 딸의 소개로 월남 쌀국수를 처음 먹어봤다. 짭짤하면서도 진하고 시원한 국물 맛에 중독될 것 같았다. 술을 마시고 속을 푸는 데는 안성맞춤이다. 딸은 쌀국수에 넣는 고수를 특히 좋아했다. 그리고 아내가 끓여주는 매콤한 고추장찌개를 너무 잘 먹었다. 딸은 집에 오기 전에 미리 아내에게 고추장찌개를 주문했다.

특유의 냄새가 나는 향초와 몹시 매운 음식을 좋아하는 취향은 딸의 독특한 성격과도 관련이 있지 않을까 생각해본다. 딸과 함께 월남 쌀국수, 고추장찌개, 낙지볶음 등을 맛있게 먹을 기회가 영영 사라졌으니 얼마나 슬픈 일인가. 자식 자랑 같지만 둘째 딸은 재치와 순발력이 뛰어났다. 화통하고, 당차고, 야무지고, 배짱과 용기와 책임감이 남달랐다.

도전적이고 창의적인
일을 찾던 딸

딸은 유학을 마치고 귀국해서 몇 달 만에 서울 강남에 있는 유명 어학원에 입사했다. 전공과는 거리가 멀었지만, 미국 유학 경력으로 영어학원에 취직이 된 것이다. 딸은 영어 강사가 아닌 프로그램개발 업무를 맡았다. 그런데 출근한 지 두 달쯤 되었을 때 내일은 한복을 입고 나와서 강남역 근처에서 학원 광고 전단을 돌리라고 하더란다. 어학원에서 영어 강사를 하지 못해 아쉬움이 컸는데, 한복을 입고 강남 한복판에서 학원 홍보물을 돌리라니 어처구니가 없었다고 한다. 자존심이 상해서 사표를 던졌다. 첫 직장은 두 달도 되지 않아 정리했다.

그리고 며칠 집에서 쉬고 있는데, 조간신문에 외국은행 직원 모집 광고가 난 것을 보았다. 전공과 무관하지만 일단 영어가 되니 외국은행에 지원하는 것도 무리는 아니라고 생각했다. 지원해보라고 권했더니 처음에는 망설이다 마지못해 원서를 제출했다. 서류심사와 면접을 거쳐 합격하였다. 콜센터에 배정되었다. 대학에서 커뮤니케이션을 전공했으니 직무와 전혀 관련이 없다고 볼 수는 없었다. 세계적인 큰 은행인데 생각보다 급여는 좋지 않았지만, 휴가 등의 직원복지는 국내은행보다 훨씬 좋았다고 한다. 동료들과 사이좋게 어울리면서 열심히 근무했다.

한번은 해외 본사에서 최고 경영자(CEO)가 한국을 방문하여 H호텔에서 전 직원이 참석한 가운데 만찬을 겸한 워크숍을 개최했다고 한다. 딸의 성격상 가만히 있을 리가 없었다. 손을 번쩍 들고 일어나 최고경영자에게 한국지점의 현황과 건의사항 등을 거침없이 밝혔다고 한다. 임원들은 당돌함과 의외성에 깜짝 놀랐지만 많은 동료 선후배들은 엄지 척을 하면서 할 말을 제대로 했다고 찬사와 격려를 보냈다고 한다. 어깨를 으쓱하면서 당시의 상황을 무용담처럼 재미있게 이야기해서 많이 웃었다.

바른말 하는 성격은 중학교 1학년 때 이미 나타났다. 학과 교수들을 처음 우리 집에 초청해서 저녁 식사를 대접한 일이 있었다. 술을 마신 기분 좋은 분위기에서 큰딸의 피아노 반주에 맞춰서 원로 교수께서 평소 즐겨 부르던 '청산에 살리라'를 열창했다. 그런데 노래를 듣던 둘째 딸이 박자가 틀렸다고 지적해서 가슴이 싸늘했다고 원로 교수는 회상했다. '아빠의 선배 교수가 노래를 부르는데, 박자를 지적하는 꽤 당돌한 녀석'이라는 생각이 들었다고 했다.

은행에 근무하면서 승진도 하고, 업무에도 익숙해지고, 상하관계도 좋았고, 재미있게 직장생활을 하였다. 휴가 때는 그동안 저축한 돈으로 미국에 사는 친구와 해외에서 만나 즐겁게 놀다 오곤 하였다. 유럽, 동남아, 남태평양, 남미 등 가보지 않은 곳이 없을 정도로 휴가를 이용하여 세계 각지를 여행하였다. 그러면서 은행에 근무하는 것이 안정적인 생활은 보장되지만 비전도 없고 업무도 도전적이지 않다고 하면서 싫증을 내기 시작하였다. 더 배울 것도 새로운 것도 없고 그저 일상적으로 다람쥐 쳇바퀴 돌듯 습관적으로 반복되는 일에 무료함을 느낀 것이다. 나이 들면서 편안하고 안정적인 직장생활이 무엇보다 중요하다고 늘 강조해도 뭔가 변화가 필요하고 창의적이고 자율적으로 능력을 발휘할 수 있는 화끈한 업무를 하고 싶다는 노래를 했다.

성격상 오래갈 것 같지 않았다. 그런데 어느 날 나에게 전화가 왔다. "아빠 내 사표 수리됐어!" 하면서 너무 기쁘다고 호들갑을 떨었다. 사직서가 처리됐다고 좋아서 날뛰는 모습은 흔한 일이 아니다. 딸은 수차 이직 의사를 밝혔지만, 회사에서 계속 만류하면서 승인하지 않았다고 한다. 몇 차례 담당 임원과 면담을 신청하고 끈질기게 사직 의사를 고집하니 할 수 없이 승낙하였다고 한다. 그래서 6년 만에 직장을 정리했다. 이듬해 은행에 구조조정이 있었다. 몇 달만 참았으면 억대가 넘는 명퇴수당을 받았을 것이다.

그리고 한 달도 되지 않아서 중소기업이지만 재무구조도 탄탄한 알짜배기 회사에 바로 취업이 되었다. 서울에 5성급 호텔, 종합상가, 골프장, 종합리조트, 해외쇼핑몰 등을 소유한 건실한 회사였다. 대우도 좋고 일도 편한데, 오너 중심의 독단적인 족벌 경영체제에 실망하고 또 그만두었다. 딸이 입사 후 얼마 안 되어 내가 군에서 부관 때 모셨던 장군의 외손녀가 현직 판사인데 그 회사 후계자인 2세

경영인의 아내라는 사실을 알았다. 그래서 그 장군과 나와의 각별한 인연 등을 소개하면서 웬만하면 그냥 다녀보라고 설득했지만 듣지 않았다.

그러고는 서울대학교 경영전문대학원에 입학하였다. 외국은행에 근무할 때 경영학 분야의 전문지식이 필요한 것을 느꼈다고 하면서 대학원에 지원하였다. 필기시험을 봤는데, 답안을 거의 작성하지 못했다고 한다. 그럴 수밖에 없었다. 학부 전공도 다르고 경영학 분야의 전공 서적이나 논문 한 편 읽은 적이 없었는데 벼락치기 공부로 필기시험을 잘 치를 리 없는 것은 너무나 당연했다.

그런데 면접에서 반전의 기회가 왔다고 한다. 필기시험에서 답안을 제대로 작성하지 못한 것을 인정하고, 그 대신 지원동기와 각오 그리고 연구계획과 장래 포부 등을 소상하고 야무지게 밝혔다고 한다. 경영학 전반에 대한 기초지식은 없지만, 원어 강의를 충분하게 소화할 수 있는 자신감과 의욕이 있으니 한번 기회를 달라고 당돌하게 요구했다고 한다. 면접 담당 교수가 입학이 허가되면 대학원 과정을 무난하게 마칠 수 있는 수학능력이 있다고 평가했는지 입학이 허가되었다.

영어 강의와 보고서 작성 그리고 발표 수업 등 대학원 과정이 엄청 빡빡했지만, 열심히 따라갔다. 체중이 빠지고 원형 탈모증이 생길 정도로 밤낮없이 학업에 열중했다. 악착같은 근성을 발휘해서 생소한 분야의 전문적인 공부를 잘해냈다. 열심히 공부해서 낙오하지 않고 경영학 석사학위(MBA)를 취득했다. 직장에 다닐 때 아무것도 모르는 가운데 무턱대고 일만 한 것 같다고 하면서 대학원에서 정말 많은 것을 배웠다고 했다. 이제 무슨 업무를 담당하든 체계적으로 제대로 처리할 수 있을 것 같다는 자신감을 보였다.

　대학원을 마치고 곧바로 외국 기업의 한국자회사에 취업했다. 해외 본사 담당 임원과 전화 면접을 통하여 자신의 지원동기와 입사 후의 구상 등을 밝히고 공고된 직위보다 상위직급으로 채용되었다. 외국은행 콜센터 근무경험을 살려 배달 웹을 개발하고 관리하는 책임자가 되어 실력을 인정받았다. 그 분야에서는 상당한 실력을 발휘할 정도로 창의적으로 일을 했다고 한다.

　그런데 부서를 옮기고 직속 상급자인 임원과 의견 충돌이 잦아서 많은 고민을 했다. 상급자의 행태가 구태를 벗어나지 못하고 권위적이며 변화를 두려워하는 모습에 실망했다고 한다. 아무리 상급자의 업무 지시라 해도 불합리하거나 원칙에 어긋나는 경우 '아니오'라고 말했다고 한다. 상급자에게 따지고 바른말을 하고 자신의 의견이 더 합리적이라는 사실을 논리적으로 설득하는 모습을 보였다고 한다. 그리고 해외 본사와 매일 주고받는 업무 메일에 자신의 의견을 가감 없이 제시하여 때로는 한국 임원의 지시와 상반되는 본사의 지침이 내려오기도 했다고 한다.

　딸은 아무리 상급자나 연장자라 해도 불공평, 무원칙, 적당주의, 대충주의 등에 대하여 직언을 서슴지 않을 정도로 용기가 뛰어났고 주관도 확실했다. 옳고 바른 일이라고 판단하면 이 눈치 저 눈치 살피지 않고 저돌적으로 나서서 문제를 제기하고 해결하는 성격이었다. 일에 대한 욕심도 무척 많았다. 자신이 맡은 업무는 자신이 최고가 되어야 한다고 늘 생각했다. 자기 업무에 집중하면서 열과 성을 다하여 누구의 추종도 허락하지 않았고, 누구의 간섭도 원하지 않았으며, 자율적으로 일하는 것을 좋아했다. 상급자들은 능력은 인정하면서도 업무추진 스타일 때문에 못마땅하게 생각하는 경우가 많을 수밖에 없는 것은 당연한 일이다.

　반면에 동료나 아래 직원들을 너무 잘 보살펴주고 챙겨주면서 좋은 관계를 유지하였다. 부서 소속 직원이 잘못한 것을 지적받으면 자신이 모든 책임을 지고, 공은 아래 직원들에게 돌리는 보스기질이 강해서 따르는 직원들이 많았다고 한다. 상급자의 부당한 지시는 따르지 않았고 따질 줄 알기 때문에 아래 직원들이 많이 좋아했다고 한다. 자신의 영달을 위해서 윗사람의 눈치를 살피고 무조건 '네, 네' 하면서 아랫사람들에게는 책임을 전가하는 모습과는 전혀 다른 행태를 보였다. 아래 직원들의 보호막이 되고 방패 역을 충실하게 수행했다. 비굴하지도 않았고 언제나 당당했다.

　하지만 이런 업무추진 스타일을 직장 상사들이 좋아할 리 없다. 위계질서가 철저한 조직사회에서 이런 성격의 소유자는 불이익을 감수해야 하고 상급자들의 부정적인 평가를 받을 수밖에 없다. 이렇게 경계하는 상급자도 있었지만, 책임감이 강하고 똑소리 나게 업무를 추진하는 스타일을 좋아하는 상급자도 많았다고 한다.

　딸은 나를 만나면 상사와 업무적인 견해차 때문에 힘들다고 하소연하는 것이 다반사였다. 상급자의 업무 지시에 무조건 복종하고 시키는 대로 하면 편한데 그러지 못하겠다는 것이다. 자신의 성격도 문제지만 상급자의 업무추진 방식이나 조직을 관리하는 리더십이 권위적이라 도저히 참을 수 없다는 것이다. 상사 때문에 아랫사람들이 힘들어하는 모습을 도저히 수수방관할 수 없다고 하였다.

개인적으로 딸의 입장을 지지하고 훌륭한 태도라고 인정은 했지만, 내 생각과는 다르게 충고했다. 직장 상사에게는 고분고분하고, 위계질서를 존중하며, 담당 업무도 적당하게 대충 처리하라고 했다. 일에 대한 욕심도 접고 그냥 봉급생활자라고 생각하면서 편하게 지내라고 여러 차례 이야기했지만, 딸은 그렇게는 못 하겠다고 하였다.

부서를 옮겨보라는 충고도 했지만, 월급이나 받고 시키는 대로 기계처럼 일한다면 보람과 재미도 없고 젊음을 낭비하는 것과 뭐가 다르냐고 반문했다. 먹고사는 것도 중요하지만 뜻이 맞지 않는 상사의 비위를 맞추고 기계 부속품처럼 피동적으로 직장생활을 하는 것은 자기 체질에 맞지도 않고 자기 발전에 전혀 도움이 되지 않을 것 같다고 하면서 몇 년 만에 또 그만두었다.

퇴직 후 휴가를 갈 틈도 없이 바로 세계적인 금융그룹 한국법인 대표실에 차장으로 취업했다. 비서실과 별도로 대표 직속 기관의 부서장을 맡았다. 외국인 한국대표를 직속상관으로 모시는 업무를 담당하였는데 많은 스트레스를 받았다고 한다. 딸은 자유분방한 성격 덕에 외국인 대표와 소통이 잘되었다고 한다. 그런데 대표와 스스럼없이 대화하고 농담도 하고 웃으면서 지내는 모습을 본 많은 직원의 질시가 심했다고 한다. 특히 딸보다 직급은 낮고 나이는 많은 고참 직원이 많았는데, 그들의 텃세와 냉대가 눈에 보일 정도였다고 했다. 인사권자인 대표가 있는 대표실에서의 근무가 오히려 직원들과 어울리는 데 부담으로 작용한 것 같다고도 했다.

  몇몇 직원은 경계하고 피하는 눈치를 보이고 말도 잘 섞지 않는 모습을 보였다고 한다. 일부 의도적으로 가깝게 하려는 직원도 있었지만 대부분 말을 아끼고 조심하는 태도에 소외감을 느꼈다고 한다. 대표가 본국으로 출장 가면서 내린 다양한 업무 지시에 대하여 관련 부서 고참 직원의 협조를 얻기가 쉽지 않았다고 한다. 자신이 아무리 낮추고 겸손한 자세로 다가가려고 노력해도 글로벌 금융기관의 직장 문화가 너무 폐쇄적이고 보수적이며 경직되었다고 하였다. 결국, 딸은 그런 분위기를 견디지 못하였다.

  헤드헌터(head hunter)에게 직장 알선을 의뢰하고 몇 달 근무하던 중 지원한 회사 세 곳으로부터 서류심사 합격과 면접 통지를 받았다. 퇴사 후 20여 일 만에 세 곳에 모두 합격하였다. 모두 처우가 좋은 직장이었다. 구직난이 심각한 사회적 이슈로 등장한 상황에서 행복한 고민을 하지 않을 수 없었다. 처우가 좋은 국내 금융기관에도 합격했으나, 두 번의 근무경험 때문에 연봉이 2천만 원 적은 이탈리아 회사를 선택하였다.

  이탈리아 명품사 한국지사에 차장 직급에 여러 명으로 구성될 신설부서 책임자로 스카우트되었다. 신입직원 선발의 자율성도 준다는 파격적인 조건이었다. 그곳과 고용계약서를 체결하고 정상 출근하면서 신입직원을 채용하기 시작하였다. 옛 직장에서 함께 근무했던 성실하고 실력 있는 인재도 데려오는 등 새로운 직장문화에 적응하면서 일에 재미를 붙였다. 세계적인 브랜드 회사라 직원들에 대한 특혜도 많았다. 새로운 직장에서 새로운 각오로 심기일전하여 몇 달 동안 열심히 근무하던 둘째 딸은 내 곁을 영원히 떠났다. 기가 막히고 안타깝고 가슴 아픈 일이 일어난 것이다.

둘째 딸은 학교를 여러 번 옮겼고 이사도 잦았으며 직장도 수차례 바꿨다. 한곳에 진득하게 머물지 못했다. 이직을 자주 했던 원인의 하나로 취업이 마음만 먹으면 쉽게 될 수 있었던 것을 꼽을 수 있을 것이다. 사직하고 몇 달간 쉬겠다고 하면 한 달도 채 안 되어 새 직장이 동시에 여러 곳에서 생겼다. 구직의 어려움을 전혀 겪어보지 못한 것도 겁 없이 이직한 원인이 되었을 것이다.

하지만 한곳에 오래 정착하지 못한 근본적인 이유는 항상 새로운 변화를 추구하고 자극적인 일을 좋아하는 성격과 관련이 있을 것이다. 항상 무엇인가 새롭고 도전적이며 긴장된 생활에 만족감을 느끼는 독특한 성격이 크게 작용했을 것이다. 새로운 일을 맡으면 처음에는 업무에 열중하지만, 좀 지나면 매일 똑같은 일이 반복되고 또한 긴장이 풀려 매너리즘에 빠지는 것을 싫어했다. 열심히 노력하여 업무에 익숙해지면 도전욕이 사라지고 싫증과 무료함을 느꼈다. 잦은 전학과 이사 등의 후유증과 역기능이 직장을 자주 옮긴 주요 원인의 하나로 작용했을 것이다.

설상가상 상급자와 의견 충돌이라도 생기면 그것을 핑계 삼아 그만두겠다는 생각을 한 것이다. 지나고 생각하니 결과적으로 자신이 몰두할 수 있는 일을 찾지 못한 것 같다. 독자적으로 개척할 수 있는 도전적이고 창의적이며 자율적으로 할 수 있는 일을 마련해주지 못한 것이 못내 아쉽다. 좋아하는 음악 들으면서 독립적으로 운영하는 카페 주인의 꿈을 중학교 때부터 키웠는데….

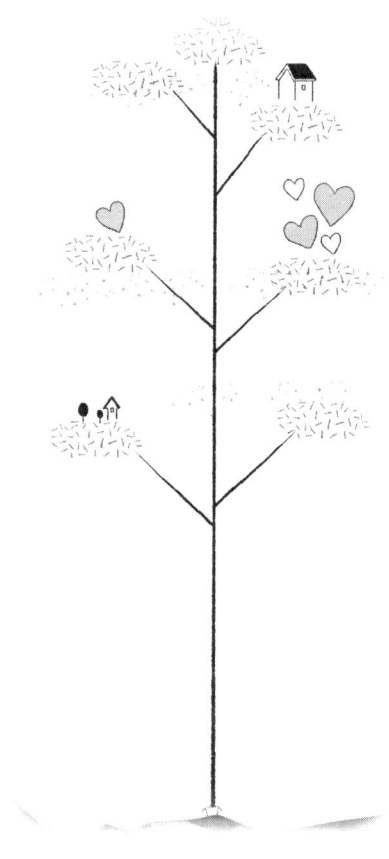

02
딸을 지키지 못한 회한

통한의 운명은
나의 업보

시어도어 젤딘(Theodore Zeldin)은 『인생의 발견(The Hidden Pleasures of Life)』에서 "인간은 무엇보다 가족에게 관심을 가져야 하고 자식은 가장 큰 기쁨을 주는 존재이며 자식을 잘 키우는 것은 무엇보다 자랑스러워할 일이라는 사실을 가끔 잊는다"고 했다. 나는 가장 큰 기쁨을 주는 존재인 자식을 잃었다. 애지중지하던 딸을 하늘나라에 보내고 슬플 수밖에 없는 것은 너무 당연한 일이다. 내가 전생에 무슨 큰 죄를 지었길래 이런 고통을 감내해야 하는지 원망스러웠다. 의사인 아들을 하늘나라에 보낸 박완서는 『한 말씀만 하소서』에서 "저 여편네는 무슨 죄를 얼마나 많이 지었길래 외아들을 앞세웠을까 하고 어미 죄를 묻기에 급급하리라"고 했다. 나도 똑같은 심정이다.

김수현은 『나는 나로 살기로 했다』에서 "지나온 길을 돌아볼 때 필요한 건 후회가 아닌 평가"라고 했다. 그런데 사람은 살면서 매일매일 후회와 반성을 끊임없이 반복하고 또 실수를 저지르고 지난 일에 대해 아쉬움과 탄식을 되풀이하는 것 같다. 항상 성찰과 회한 속에 살아가는 것이 인간의 본질일까?

　인간은 불완전하다. 또한, 공동체 속에서 남과 더불어 관계를 맺으면서 살아가야 하는 사회적 동물이기 때문에 완벽하게 처신하면서 지내는 것은 쉬운 일이 아니다. 세상에는 자원이 희소하고, 사람 사는 환경이 그리 녹록하지 않기 때문에 자신이 하고 싶고 원하는 것을 다 할 수도 또한 다 얻을 수도 없으므로 회한 속에 살아가야 하는 것이 어쩌면 숙명인지도 모르겠다. 아무런 아쉬움이나 어떤 후회도 없이 살아가는 사람이나 또 그렇게 사는 방법이 세상에 존재할 것 같지 않다. 사람은 성찰을 통해서 지난 일을 반성하고 잘못을 고쳐가면서 발전한다. 그러면서 이성적인 삶과 인간다움을 유지한다. 니체는『도덕의 계보』에서 거열(車裂) 등과 같이 다양하고 잔혹하기 짝이 없는 옛날의 형벌에 대한 기억, 양심의 가책, 죄의식 등이 사람들을 마침내 이성에 도달하게 만든다고 했다. 지난날의 과오에 대한 통렬한 성찰을 통해서 이성을 회복하고 인간 문명이 발전하는 계기가 된다고 볼 수 있다.

　나는 무슨 문제가 생기면 시간이 흐른 뒤 '당시 이런 선택을 했었어야 했는데…'라는 아쉬움과 후회가 남지 않도록 최선을 다하여 다양한 해법과 시나리오를 모색하는 자세로 살아왔다. 그런데 왜 딸에게는 그렇게 못 했는지 후회스럽다. 제자들의 교육에는 평생 열성적이었으면서 딸에게는 너무 안이했던 것이 아니었나 자책하지 않을 수 없다. 나의 상황판단 미숙과 통찰력 부족에 속이 상하고 마음이 아프다. 운명이라고 치부하기에는 너무 안타깝다. 분명히 피할 방법이 있었을 것 같은데, 나는 이를 놓치고 말았다.

　딸을 지키지 못한 통한 때문에 딸의 죽음을 다른 시각에서 바라보기도 했다. 에피쿠로스(Epicouros)가 "죽음은 의식이 소멸하여 고통이 없는 상태"라고 한 말도 떠올려봤다. 셰익스피어(William Shakespeare)의 4대 비극 중 하나인 『햄릿』에서 "사느냐 죽느냐, 이것이 문제로다. 어느 쪽이 더 고상한가? 가혹한 운명의 돌팔매를 맞는 것과 밀려드는 역경에 대항하여 맞서 싸워 끝내는 죽는 것 중에. 죽는다는 건, 곧 잠드는 것. 그뿐이다. 잠이 들면 마음의 고통과 몸을 괴롭히는 수천 가지의 걱정거리도 그친다고 하지. 그럼 이것이야말로 열렬히 바랄만한 결말이 아닌가?"라는 말을 딸의 죽음과 연관시켜보았다. 고통을 완전하게 벗어나 하늘나라에서 안식하는 딸이 오히려 다행이지 않느냐는 억지 논리로 위안을 삼기도 했다.

　쇼펜하우어는 『의지와 표상으로서의 세계』에서 "모든 인생사는 고난의 역사이다. 따라서 혹자는 너무나 비참한 자신의 삶보다는 완전한 무의 상태를 선호할 수 있다. 즉 사느냐 죽느냐의 양자택일 앞에 서있는 햄릿처럼 스스로 세상과 등지는 것은 최고로 선망하는 완성일 수도 있다"고 했다. 셸리 케이건(Shelly Kagan)은 『죽음이란 무엇인가(Death)』에서 "스스로 죽음을 통해 당사자가 극심한 고통에서 벗어나게 된다면, 그를 사랑하고 가까운 관계를 맺고 있는 사람들 또한 전체적인 차원에서 안도감을 얻을 것이다. 그래도 더 이상 고통과 괴로움은 없을 것이다"라는 말에 귀를 기울여보기도 하였다.

　HJ는 "YJ가 엄마랑 언니를 끔찍이 사랑했구요~ 늘 하나밖에 없는 조카를 걱정하면서 전화로 울고 그랬으니까요. 지금도 의아한 게 그렇게 사랑하는 가족을 끔찍이 아꼈는데 이런 결정을 했다는 게 믿기지 않아요. 그만큼 아팠던 거겠죠"라고 했다.

　삶의 고통이 얼마나 심했으면 딸이 그런 판단과 용기를 냈을까 이해도 했다. 영리한 딸이 어쩔 수 없는 막다른 골목에서 불가피하게 그 길을 선택할 수밖에 없었을 것이다. 책임감이 남달랐던 딸은 가족에게 더 이상 걱정을 끼쳐서는 안 된다는 생각을 했을 수도 있다. 우울증 때문에 자신이 겪고 있는 엄청난 고통으로부터 하루라도 빨리 탈출하고 싶었을 것이다. 얼마나 힘들었으면 삶을 내팽개치고 싶었을까 딸의 입장이 되어보기도 했다. 결국, 주범은 우울증이라고 생각한다. 환자이기 때문에 그렇게 할 수밖에 없었을 것이라고 자위한다.

　아내는 딸의 고통을 덜어주기 위한 하느님의 선택이라고 믿는다. 사람이 죽고 사는 것이 하늘의 뜻에 달렸다고 할지라도 딸이 세상을 등진 것에 대하여 부모로서 도저히 받아들일 수 없다. 자식을 먼저 떠나보내는 것은 상상조차 할 수 없는 너무 끔찍한 일이기 때문이다. 자식을 잃은 부모의 슬픔은 인간이 겪는 최고의 고통이고 시련이다. 딸의 죽음은 씻을 수 없고 절대 잊을 수 없는 통한의 상처로 평생 남을 것이다.

　딸이 세상을 떠난 5월이 오면 더 많이 보고 싶고 그리워서 견디기가 정말 힘들다. 장미꽃이 만발하는 5월에 결혼식 주례를 서면 오광수의 「5월을 드립니다」라는 시의 "5월엔 당신에게 좋은 일들이 생길 겁니다.… 5월엔 당신에게 좋은 소식이 있을 겁니다"를 이따금 소개했다. 5월에 결혼하는 것은 좋은 일이며, 좋은 소식이라는 사실을 강조하기 위한 것이었다. 그러나 딸이 세상을 떠난 5월에는 오광수의 시 대신 홍수희의 「5월」이 떠오른다. "시들 때를 미리 슬퍼한다면, 장미는 피지 않았을 거예요. 질 때를 미리 슬퍼한다면, 나무는 초록을 달지 않았을 거구요. 이별을 미리 슬퍼했다면, 나는 당신을 만나지 않았겠지요."

나는 죽을 때까지 딸을 가슴속에 묻고 살아가야 할 비운의 아빠가 되었다. 딸과 함께했던 지난 40년 세월을 뒤돌아보면서 한숨짓고 아린 가슴을 쓸어내리지 않을 수 없는 불운한 신세가 되었다. 내가 무슨 커다란 잘못을 했길래 기구한 팔자가 되었는지 원망스럽다. 딸을 앞세우고 후회되는 일이 한둘이 아니다. 좀 더 잘해주지 못한 미안함과 안타까운 마음이 떠나지 않는다. 자식을 앞세운 부모는 생전에 흡족하게 베풀어주지 못한 죄스러움에 가슴을 치면서 통곡한다. 딸에게 잘못한 것이 너무 많아 정말 미안하다. 용서를 빌고 또 빈다. 아빠로서 역할을 다하지 못했다는 자책감 때문에 가슴이 터질 것 같다. 나를 실패한 아빠라는 낙인을 찍어도 좋다. 달게 받겠다. 모든 것은 내 탓이고 나의 업보이기 때문이다.

건강문제를
터놓고 소통했다면

딸은 유학을 마치고 돌아와 온 가족과 함께 살다가 취직을 하고 얼마 지나지 않아 독립했다. 자립심이 강하고 남의 간섭을 싫어하는 성격이라 혼자 살겠다고 하였다. 직장 출퇴근이 쉬운 곳에 오피스텔을 얻어 혼자 생활했다. 딸과는 자주 통화했고, 주말이면 집에 와서 오순도순 화목한 가운데 많은 대화를 나누었다. 특히 표현력과 순발력이 뛰어난 딸이 이야기할 때는 온 가족이 박장대소하지 않을 수 없었다. 가족들을 들었다 놓았다 하면서 웃기고 춤도 추고 흉내를 내면서 분위기를 주도했다. 똑같은 이야기도 둘째 딸이 전달하면 맛이 달랐다. 딸이 오면 집 안이 웃음바다가 되었다. 나는 딸의 직장 근처에 갈 일이 있으면 딸을 불러내서 차도 마시고 점심과 저녁도 함께했다. 내가 저녁을 산다고 하면 직장 후배들을 데리고 나와서 "우리 아빠한테 맛있는 거 얻어먹어"라고 했다.

그런데 집에 오는 것이 뜸해졌다. 직장 일이 바쁘다는 핑계를 댔지만, 실은 건강에 문제가 있었다. 엄마와는 건강에 대하여 상의하고 함께 병원에도 갔으면서, 아빠가 알면 걱정할 것 같다고 비밀로

하라고 신신당부를 했다고 한다. 아내도 나를 생각해서 딸의 건강상태에 대하여 전혀 이야기하지 않았다. 평소 만나 식사를 하고 이야기를 나누어도 정신건강에 문제가 있다는 사실을 알아차릴 수 없었다. 직장 일이 힘들어 피곤할 것 같다는 생각은 했지만, 딸이 아프다는 사실을 모르고 있었다. 전화로 안부를 물으면 "아빠 나 괜찮아, 잘 있어요" 하면서 내색하지 않았다. 나를 배려한 것이다.

HN은 "언니 집에서 하룻밤 묵을 때 책상에서 약 봉투를 처음 보게 되었어요. 제가 놀라서 이게 뭐냐고 물으니 그냥 수면제 처방받은 거고, 부모님한테는 절대 얘기하지 말아달라고 부탁했어요"라고 했다. "언니는 늘 저에게 부모님에게 잘해드리라고, 저는 엄마가 미웠는데 저보다 울 엄마를 더 많이 사랑해줬던 언니가 그리워요"라고 했다. 딸이 특히 내 걱정을 많이 한 것 같다. 많이 아팠지만 나에게 알리지 않고 혼자 어떻게든 감당해보려고 했던 것 같다.

딸이 아프다는 사실을 뒤늦게 알았다. 딸이 다니는 병원을 딸 모르게 방문해서 의사를 만났으나 환자의 개인정보라고 아빠인 나에게도 건강상태를 알려주지 않았다. 그래서 다음에 딸과 함께 병원까지 갔으면서 우울증의 심각성을 인식하지 못했다. 의사의 권고에도 불구하고 딸의 신병에 대하여 왜 그렇게 소극적으로 대처했는지 도저히 믿을 수가 없다.

딸이 술을 자주 마시는 것을 알고 술을 아예 끊거나 그렇지 않으면 좀 줄여보라고 잔소리했다. 그럴 때마다 "아빠, 술을 마시지 않으면 잠을 잘 수 없어요" 했다. 나는 술이 가장 큰 문제라고 생각했다.

몸이 아픈 것은 술의 부작용 때문이라는 어처구니없는 진단을 내린 것이다. 술을 마시지 않으면 잠이 오지 않는 근본 원인에 대하여 전혀 고민해보지 않았다. '오죽하면 술을 마셔야 잠을 잘 수 있나'라는 생각에 미치지 못했다. 본질을 외면한 채 겉으로 나타난 현상만 보고 상황을 안이하게 오판했다. 우울증에 대한 지식이 전무했던 것을 탓하지 않을 수 없다.

  나는 공황장애를 앓기 전에는 우울증이 그렇게 무서운 병이라는 사실을 전혀 모르는 무식한 사람이었다. 나는 평소에 건강에 자신이 있었기 때문에 친구들이 권하는 비타민도 먹지 않았다. 질병과 관련하여 일반 상식 수준의 지식도 없었다. 우울증은 너무 편하고 무료해서 발병하는 귀족병의 일종이라는 매우 잘못된 선입관을 갖고 있었다. 우울증은 정신만 똑바로 차리면 얼마든지 치유 가능하다고 생각했다. 그런데 막상 내가 앓아보니 아무리 정신을 차리려고 독한 마음을 먹어도 자율신경이 제대로 작동하지 않기 때문에 자신을 스스로 통제할 수 없는 아주 못된 질환이라는 사실을 알았다.

  더 후회스러운 것은 왜 아픈 딸의 상태에 대하여 솔직하게 터놓고 이야기를 나누지 못했느냐는 것이다. 교수로서 다른 사람의 자녀인 제자들의 고통은 공감하려고 노력했지만 내 자식의 아픔은 방관한 것 같다. '병원 다니면 낫겠지. 워낙 영리하니까 스스로 잘 관리하겠지'라고 너무 안이하게 생각했다. 관심을 표시하면 "아빠, 내가 알아서 할 테니까 전혀 걱정하지 마세요"라는 말을 철석같이 믿었다. 딸의 아픔을 피상적으로 생각했지 그 정도로 힘들고 괴로운 줄을 속속들이 알아차리지 못했다. 내가 공황장애를 앓아보니 딸이 얼마나 힘들었을까 공감하면서 가슴이 더 쓰리다. 내가 겪어보니 더 미안하고 더 죄스럽다. 그러나 때는 늦었다. 후회한들 무슨 소용이 있겠는가.

왜 그랬는지, 나 자신을 용서하거나 어떤 변명도 할 수 없다. 도저히 이해할 수 없는 일이다. 나는 어떤 문제가 생기면 회피하지 않고 직접 당사자와 소통하는 정공법을 써왔는데 딸에게는 왜 그렇게 하지 못했는지… 이것이 나를 한없이 괴롭게 한다.

건강 이외의 문제에 관하여 딸과 평소 소통이 잘되었다. 많은 것을 나와 상의하는 딸이었다. 딸이 직장업무, 동료, 상급자, 친구, 인간관계, 이직 등에 관한 문제는 나와 많은 대화를 나누었다. 진로문제나 어려운 일이 있으면 언제나 내 의견을 구했다. 딸은 궁금하거나 곤란한 일이 생기면 서슴없이 물었다. 나의 전공 분야는 아니지만, 직장 최고경영자에게 보고할 프로젝트에 관한 아이디어나 발표요령과 세미나 조직 및 운영 요령 등에 관하여 묻기도 했다. 그때마다 내 경험을 중심으로 조언을 해주고 의견을 제시하면 잘 따랐다. 아빠 말대로 했더니 일이 썩 잘 되었다고 결과를 알려주면서 "우리 아빠 최고, 아빠 고마워, 아빠 사랑해"라는 말을 빼놓지 않았던 딸이다.

그런데 정작 가장 중요한 자신의 건강문제는 나에게 솔직하게 털어놓지 않았다. 아파서 힘들 때 왜 아빠를 찾지 않았을까? 아빠가 별 도움이 되지 않을 것 같다고 생각한 것은 아닌가? 딸은 아빠가 걱정할까 봐 힘들어도 내색하지 않았던 것이다. 건강문제에 관심을 보이면 알아서 한다고 안심시켰던 속이 깊은 효녀였다. 내가 보다 적극적으로 나서서 조치했어야 했다. 정말 아쉽고 후회스럽다.

  인간관계에서 한 자락 깔거나 계산하지 않고 속마음을 숨김없이 털어놓는 진솔한 소통이 중요한 것 같다. 세상에서 가장 가까운 부모와 자식 간에는 더욱더 그런 것 같다. 가장 소중한 부모와 자식 사이에 흉허물없이 터놓는 소통이야말로 가족애를 다지고, 갈등을 치유하고, 가정의 평화를 얻는 지름길이라고 생각한다. 특히 건강문제는 가족 간에 비밀에 부쳐서는 안 될 것이다. 가족의 건강 정보는 공유하는 것이 좋을 것 같다.

  의사나 보호자가 검진결과를 당사자인 환자에게 솔직하게 말해주는지 여부를 기준으로 네 가지 유형으로 분류한다고 한다. 환자를 속이는 폐쇄형, 환자에게 말하지 않아도 스스로 상태를 눈치채는 의심형, 알면서도 딴청을 피우는 기만형, 그리고 사실대로 소상하게 알려주는 개방형이 있다고 한다. 환자가 죽을병에 걸려 두려워할 것을 우려하거나, 다른 가족이 걱정할 것을 염려해서 알리지 않는 폐쇄형은 좋은 유형이 아닌 것 같다. 환자가 죽음을 맞이할 마음의 준비를 하고, 삶을 정리할 수 있는 시간을 주며, 또한 가족과 공동으로 대처할 수 있는 해법과 지혜를 모을 수 있는 개방형이 좋다고 생각한다. 이를 환자에게도 적용해본다면, 딸은 자신의 건강상태를 보호자인 나에게 정확하게 알려주지 않았던 폐쇄형이었다.

  또한, 딸이 자기 관리를 잘하니까 설사 몸이 아파도 현명하게 잘 대처할 것이라고 믿어 의심치 않았다. "혼자 잘 이겨내겠지!" 낙관하면서 대수롭지 않게 넘긴 나의 불찰이 더욱더 가슴을 아프게 한다.

딸이 죽고 「반성문」이란 글을 발견했다. "나는 남에게, 가족에게 앞으로 당차고 아프지 않도록 노력하겠습니다. 피해를 많이 끼치는 정신적 고통은 오로지 나의 몫입니다. 미안합니다." 자신이 아파서 주위 사람들이 신경을 쓰고 있다는 사실을 알고 모든 것은 자기 책임이며, 미안하다는 생각을 한 것이다. 자소서에서 밝힌 책임지는 삶을 살자는 딸의 생각을 보여주는 내용이다.

아픈 딸을 집으로 데려와 함께 살거나, 직장 휴직과 강제 입원 조치라도 시키는 등 적극적인 대책을 세우지 못한 자신이 원망스럽다. 평소 일을 처리하는 내 스타일과 전혀 다른 모습을 보인 것이 의아스러울 정도다. 보다 적극적으로 대처했더라면 딸이 내 곁을 영원히 떠나는 비극은 예방할 수 있었는지 모른다.

딸이 아픈 것을 알면서 적극적으로 공감하거나 적절한 해결방안을 모색하지 못한 미안함과 후회가 나를 가장 힘들게 하고 있다. 우울증에 시달리면서 얼마나 고통스러웠을까? 얼마나 외롭게 투병했을까? 아파서 고생할 때 '아빠 나 많이 힘들어. 나 좀 제발 도와줘' 하면서 마음속으로 애처롭게 구원을 외쳤을 텐데… 나는 그것도 모르고 어디서 무엇을 했을까? 자식의 고통을 전혀 눈치채지 못한 것이 너무 부끄럽고 미안하다. 우울증의 고통 속에 몸서리쳤을 딸을 생각하면 애간장이 녹는다. 고통을 조금이라도 분담하고 위로해주지 못한 것이 너무 안타깝다.

아픈 딸을 좀 더 따뜻하게 보듬어주고 챙겨주지 못한 죄스러움이 늘 마음속에서 떠나지 않는다. 딸의 아픔을 함께 공유하고 공감하지 못한 죄를 어떻게 씻어야 할지? 딸의 아픔을 함께 나누지 못한 자신이 원망스럽다. 아빠의 역할을 제대로 수행하지 못한 큰 죄를 죽을 때까지 용서를 빌어도 끝이 없을 것이다. 늘 참회와 속죄하는 자세로 살아가야 할 기구한 운명이 되었다. 평생 한을 품고 살아가야 할 기막힌 팔자가 되었다. 사랑하는 YJ야! 네가 아파할 때 어루만져주고 너를 지켜주지 못한 아빠를 용서해다오.

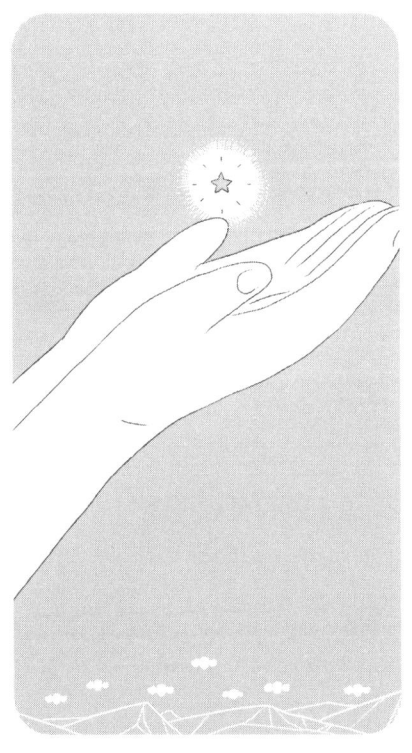

절박한 순간
통화가 이루어졌다면

　　　　　　어버이날은 다른 일정 때문에 청주 사시는 어머니께 인사드리러 가는 것이 어려울 것 같았다. 그래서 미리 아내, 큰딸, 손자와 넷이 할아버지, 할머니, 아버지, 장인, 장모 산소에 성묘를 마치고, 어머니 댁에 갔다. 왜 그날 둘째 딸에게 할머니께 함께 가자고 연락하지 않았는지 알 수 없다. 참 이상한 일이었다. 어머니께 저녁식사를 대접해드리고 이런저런 이야기를 나누던 중 큰딸과 둘째 딸 간에 통화가 이루어졌고, 이어 할머니와도 영상통화를 했다. 전화기 너머로 어렴풋이 들려오는 딸의 작은 목소리는 평상시와 다른 것 같지 않았고, 어머니는 영상 속의 손녀 얼굴이 아주 좋아 보인다고 하면서 전화를 끊었다.

　평소 같으면 "저 좀 바꿔주세요. 통화하게" 했을 것이다. 그런데 그날은 그렇게 하지 않았다. 이 또한 이상한 일이었다. 내가 왜 그랬는지 도무지 이해할 수 없다. 딸은 할머니와 통화를 마치고 2시간 뒤 하늘나라로 갔다. "언니, 엄마 & 아빠. 내가 없어도 슬퍼하지 마. 난 그냥 이대로 살다가 이제는 죽는다"라는 마지막 글에 서명까지 남기고 가족 곁을 영원히 떠났다. 애처롭기 그지없는 일이다.

할머니와 통화할 무렵 딸이 고통과 번뇌 속에 몸서리치면서 생사를 고심하고 있던 절박하고 처절한 순간이었을 것 같은데, 나와 통화가 이루어졌다면 그런 결단을 멈추게 했을지도 모른다는 회한 때문에 가슴이 더 아프다. 딸이 어쩔 줄 모른 채 방황하고 있던 극한상황에서 나와 통화가 이루어졌다면 혹시나 하는 기대 때문에 더 안타깝다.

죽음을 앞에 놓고 심각하게 고뇌하면서 아빠를 얼마나 염두에 두고 있었을까? 가장 힘든 순간에 제일 먼저 생각나고, 가장 먼저 의지하고 싶고, 가장 먼저 도움을 청하고 싶은 대상이 되지 못한 것이 부끄럽다. 세상이 어둡게 보이고 수많은 갈등과 불안 그리고 두려움에 떨면서 누가 나를 붙잡아줬으면 하는 기대가 있었을 것 같은데…. 아빠가 있어서, 아빠를 생각해서, 아빠가 힘들어할까 봐 그런 선택을 멈추게 할 수는 없었을까? 아빠 때문에 이래서는 안 된다는 생각을 할 수는 없었을까? 죽음을 앞에 놓고 장고할 때 아빠라는 존재는 과연 무엇이었고, 아빠가 차지했던 비중은 얼마나 되었으며, 아빠의 역할은 무엇이었나? 절박하고 처절했던 순간에 아빠를 찾지 않은 것을 보면 아빠란 존재는 매우 미미했던 것 같다. 캄캄한 어둠 속에서 아빠는 별 도움이 되지 않았던 것 같다.

나는 딸이 할머니와 통화할 때 마지막이 될 것이라고 감히 상상하지 못했다. 평소 직관적 통찰력(intuition)이 좀 있는 편이라고 자화자찬했는데, 그날은 어떤 불길한 예감이 전혀 들지 않았다. 수천 km 떨어진 곳에서 새끼 동물에게 위해를 가할 때 똑같은 시간에 어미의 몸에 이상 반응이 감지되었다는 실험결과도 있다. 하물며 만물의 영장인 인간이 천륜인 자식이 죽는데 아빠로서 어떤 느낌이 전혀 없었다니 도저히 믿어지지 않는다.

다만, 전날 밤 꿈에 승용차 뒷바퀴 하나가 완전하게 떨어져 나가 차가 멈춰 서는 꿈을 꾸었다. 좋은 꿈은 아니라고 생각했다. 그날 어머니께 가는 길이라 장거리 운전에 혹시 교통사고가 나는 것은 아닌가 걱정하면서 각별하게 조심했다. 그렇지만 흉몽을 딸의 불행과 연결하지 못했다. 자동차 네 바퀴 중 하나가 빠진 것은 우리 네 식구 중 한 명을 잃는 꿈이었던 것 같다고 나름 해몽했다. 딸이 번뇌에 찼던 그 절박한 순간에 통화하지 못한 것이 너무 원망스럽다. 혹시나 하는 기대와 마지막으로 딸의 목소리라도 들었더라면 하는 아쉬움 때문이다. 큰일을 당하고 보니 마음에 걸리는 것이 한두 가지 아니다.

잭 캔필드(Jack Canfield)와 마크 빅터 한센(Mark Victor Hansen)의 『마음을 열어주는 101가지 이야기(101 More Stories to Open the Heart and Rekindle the Spirit)』에 오토바이 사고로 스무 살에 죽은 아들을 묻고 난 어머니의 이야기가 있다. 마지막으로 아들을 보았을 때 그것이 마지막이라는 것을 알았더라면 "짐, 난 널 사랑한다. 그리고 네가 자랑스러워"라고 말했을 거라고. 딸은 할머니와 마지막 통화를 하고 가족 곁을 영원히 떠났다. 이것이 딸과 가족 간에 마지막 통화가 될 줄을 어찌 알았겠는가? 마지막인 줄 몰랐는데, 어떻게 사랑한다는 말을 전할 수 있었겠는가? 오늘이 내 생애 마지막 날이라고 생각하면서 후회 없이 최선을 다해서 열심히 그리고 즐겁게 살라고 흔히 말한다. 그렇지만 사람들과 통화할 때 마지막이 될 것이라는 불길한 생각을 하는 것은 좋은 것 같지 않다.

  우리는 예기치 않게 지인의 부음을 갑자기 접하고 나서 '어제 통화했는데, 얼마 전 문자를 주고받았는데, 며칠 전에 만났는데' 하면서 안타까워했던 경험이 있을 것이다. 나도 전날 통화했던 친구가 그다음 날 아침 쓰러져 이틀 만에 저세상으로 간 적이 있다. 친구가 주말 등산을 마치고 뒤풀이하는 자리에서 나를 아는 사람을 우연히 만났다고 하면서 전화를 했다. 취기에 혀가 꼬부라진 목소리였다. 그런데 다음 날 아침 응급실로 실려 갔다는 연락이 왔다. 병원으로 달려갔더니 의식이 전혀 없었다. 다음 날 퇴근길 저녁에 친구 병실을 찾아 귀에 대고 "SK야, 내가 너를 얼마나 좋아하는지 아느냐? 사랑한다"라고 했더니 감고 있던 두 눈에서 눈물이 주르륵 흘렀다. 친구와 마지막 작별의 시간이 된 것이다. 또, 일주일 전에 친구와 만나 점심을 함께하고 귀가 때에 내가 택시를 잡아주었다. 그리고 사흘 전에 문자를 주고받았는데 그 친구의 슬픈 소식을 갑작스럽게 접했다. 문상 가서 그 친구와 나눈 문자를 유가족에게 보여주면서 친구의 명복을 빌었다.

  지금도 딸이 할머니와 통화할 때 바꿔달라고 하지 못한 것이 너무 한스럽다. 평소와 달리 그날은 왜 그냥 지나쳤는지 도무지 알 수 없는 노릇이다. 어버이날을 앞당겨 할머니께 인사드리러 가는데 너도 함께 가지 않을 것이냐고 묻지 않았던 상황에서 평상시 같으면 딸과 통화하는 것은 너무 당연한 일이었다. 그런데 그런 마음이 전혀 들지 않았다. 참 이상한 일이었다.

　영상통화 중 손녀 얼굴이 좋아 보인다는 어머니 말씀에 잘 있을 것이라고 믿었기 때문일 수도 있지만, 딸과 마지막으로 통화할 기회를 놓쳤다. 더구나 딸의 마음을 안정시켰을지도 모르는 하늘이 준 기회를 활용하지 못한 것이 몹시 안타깝다. 운명이라고 치부하기에는 너무 이상하고 석연치 않은 점이 많았다. 가족은 물론 지인들과 통화할 기회가 있으면 언제든지 망설이지 말고 안부를 물어야 한다는 사실을 깨달았다.

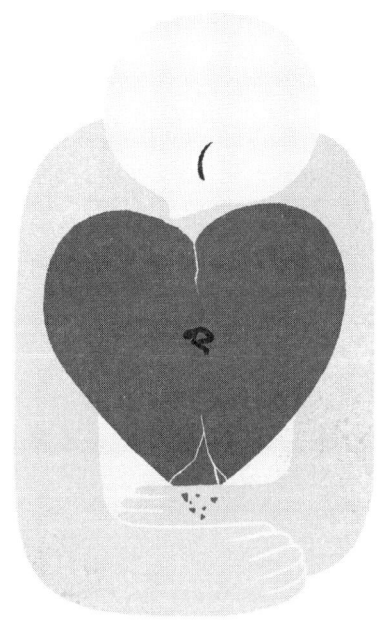

마지막 경고를
눈치챘다면

    딸이 하늘나라에 가기 전 몇 가지 징조를 보였지만 눈치채지 못한 데 대한 후회다. 딸이 보낸 수차례의 경고를 알아차렸더라면 사전에 충분히 예방할 수 있었을지 모른다는 자책감에 시달리고 있다. 딸의 죽음을 사전에 방지하기 위해서 아빠로서 책임과 도리를 다하지 못한 것이 너무 죄스럽다. 아빠의 직무를 방기한 죄를 어떻게 씻을 수 있을지 막막하다. 아빠로서 역할을 다하지 못한 회한을 죽을 때까지 풀 수 없을 것 같다.

  딸을 하늘나라에 보내고 유품을 정리하면서 고등학교 졸업 앨범을 꼼꼼하게 살펴보았다. 앨범 마지막에 동급생이나 후배들의 자필 서명(Autographs)란이 여러 쪽 있었다. 수십 명이 글을 올렸는데, 이구동성으로 언제나 친절하고 리더십이 뛰어나며, 특히 후배들을 진심으로 사랑해줘서 많이 따르고 좋아했으며 성격이 활달하다는 내용이 주를 이루었다. 그리고 우리 모두 건강하고 행복하게 살자는 내용이 많았다. 딸은 후배들을 많이 아끼고 챙겼던 것이다.

  그런데 후배 GN가 쓴 글을 읽고 깜짝 놀라지 않을 수 없었다. "언니를 보면서 배운 건 또 얼마나 많은지 몰라! 난 항상 언니가 행복하게 즐거운 삶을 살길 바라. 부탁이 있다면, 제발 '빨리 죽을 건가 봐!'란 말 좀 하지 마"라는 내용이다. 딸이 후배에게 평소 무슨 말을 어떻게 했길래 이런 부탁을 했을까 궁금해졌다. 자신의 운명을 고등학교 때 이미 예견하고 있었던 것일까? 영리했던 딸이 자신의 미래를 내다보고 있었단 말인가? 왜 이런 내용을 진작 발견하지 못했는지 안타까운 일이다.

딸의 기일 2주년을 맞아 가족과 제주도 봉안당에 갔다. 슬픔과 미안함과 죄스러움 때문에 하염없이 눈물을 흘리지 않을 수 없었다. 성당에서 연미사를 마치고 공항으로 출발하기 전에 봉안당에 다시 들렀는데, 젊은 사람이 해바라기 꽃다발을 딸 앞에 놓고 슬픔에 잠겨있었다. 누구냐고 물었더니, 미국에서 고등학교를 함께 다녔던 동기생 JW라고 소개했다. 자기 나이가 한 살 많아 딸이 오빠라고 불렀다고 한다. 딸이 죽고 두 달이 지난 뒤 슬픈 소식을 들었고, 그 순간 정신을 잃고 쓰러졌다고 했다. 장례식에 참석하지 못한 것이 너무 미안해서 2주기를 맞아 서울에서 일부러 왔다는 것이다. 정말 고마웠다.

이런저런 이야기를 나누던 중 뜻밖에 놀랄만한 사실을 알았다. 딸이 죽기 2~3주 전쯤 전화를 했다고 한다. 딸은 "오빠, 다음에는 제주도에서 만나자"고 하면서, "내가 좋아하는 해바라기 꽃 사 들고 찾아와" 하더라는 것이다. 당시에는 무슨 의미인지 전혀 눈치채지 못했다고 한다. 나도 놀란 것은 제주도에서 만나자고 했다는 사실이다. 당시 우리 가족은 제주도 천주교 성지에 봉안당이 있는 줄 전혀 알지 못했다. 갑자기 큰일을 당하여 청주 선산을 묘지로 고려하다가 제주도 어느 수도원의 잘 아는 수녀님 소개로 알게 되었다. 딸이 사후 제주도로 갈 것을 생전에 예견했단 말인가? 도저히 믿기지 않는 이야기였다.

또한, 자기 결혼식에 축하하러 왔는데, 신랑 신부 친구들이 사진 찍는데 빠지더라는 것이다. 그래서 나중에 왜 그랬느냐고 물었더니 "사람 일은 어떻게 될지 모르잖아" 했다고 한다. 결혼한 다른 친구들에게 물어봤더니 극히 일부를 제외하고는 결혼식에 와서도 거의 사진을 찍지 않았다고 하더란다. 딸은 오래전부터 자신의 운명에 대하여 깊은 고뇌를 하고 있었던 것 같다. 이런 사실을 전혀 감지하지 못한 것이 너무 한스럽다.

딸이 죽기 2주 전 딸 집 근처에서 있었던 저녁 모임을 마치고 딸과 만나서 맥주를 몇 잔 했다. 딸도 친구들과 식사를 마친 후에 나를 만난 것이다. 이런저런 이야기 끝에 미혼인 딸이 은퇴 후 준비에 소홀한 것 같아 언니와 상의해서 연금보험 등을 알아보라고 했다. 언니가 그런 분야를 많이 알고 있는 것 같다고 했다. 그랬더니 "아빠, 나 오래 살고 싶은 생각 없어"라고 했다. 왜 그런 말을 하느냐고 핀잔을 주면서 그냥 넘겼다. 우울증의 여파로 평소의 생각을 무심코 드러낸 것이다. 취중 진담이란 말과 같이 일종의 사인을 보냈는데 알아차리지 못했다. 귀갓길에 택시를 태워주겠다고 수차 강권했지만, 전철이 편하다고 거절하면서 헤어지는데 나를 껴안더니 "아빠"

하면서 갑자기 울먹였다. 술이 좀 거나해서 그런 줄 알았다.

큰딸과 둘째 딸의 음력 생일이 같은 날이라 가족이 모여서 생일축하 겸 저녁 식사를 했다. 딸이 죽기 일주일 전이다. 승용차를 가져온 둘째 딸이 "아빠 나 술 먹어도 돼?"라고 물어 "내가 대리운전 해줄게. 걱정하지 말고 기분 좋게 마셔"라고 했다. 식사 중 딸이 어둡게 보였다. 생일인데 그다지 기뻐하는 기색이 아니었다. 농담도 잘하고 우스갯소리로 가족을 많이 웃게 하던 딸인데…. 무슨 고민이 있느냐고 물으면서 적극적으로 딸과 대화를 하지 못했다. 시무룩한 딸에게 왜 더 많은 관심과 애정을 표현하지 못했는지 후회스럽다. 딸을 서울까지 태워다 주는데 특별한 이야기를 하지는 않았다. 오피스텔 승강기 앞에서 딸과 포옹하면서 작별한 것이 이승에서 마지막 만남이 되었다. 그날이 딸 생전 마지막 생일축하 자리가 될 줄을 어찌 알았겠는가.

딸이 하늘나라에 가기 3일 전 통화했다. "잘 있니?, 점심은 먹었니?" 등등 의례적인 인사말로 통화를 시작했다. "아빠 요즘 어떠세요?"라고 물어서 별생각 없이 "힘들어 죽겠어" 했더니, "아빠, 그럼 나하고 같이 죽자"는 말을 했다. 순간에 튀어나온 중요한 암시를 농담인 줄 알고 대수롭지 않게 그냥 흘려버렸다. 매우 심각하게 받아들이고 '왜 그런 쓸데없는 소리를 하느냐?', '요즘 많이 힘든 모양이구나'라고 위로하면서 곧바로 달려가 더 많은 대화를 나눴어야 했다. 우리는 일상에서 죽겠다는 말을 심각하게 고려하지 않고 마구 사용하는 버릇이 있어 무심코 지나친 것 같다.

나와 통화 후 3일 만에 딸과 영원히 작별하는 불행한 일이 닥칠 것이라고 감히 상상조차 했겠는가? 그것이 딸과의 마지막 통화가 될 줄이야…. 생의 마지막 순간 딸에게 좀 더 정겹고 따뜻하게 대해 주지 못한 것이 몹시 후회스럽다. 그날따라 언짢은 일이 있어 딸에게 퉁명스러운 말투로 응대했다. 딸이 내 곁을 떠나고 나서 얼마나 가슴을 쳤는지 모른다. 아파서 힘든 딸에게 평소와 달리 왜 더욱더 부드럽고 다정다감한 아빠의 모습을 보여주지 못했는지….

딸을 통하여 또 하나의 교훈을 얻었다. 모든 사람과 통화할 때는 언제나 밝고 친절하게 대해야 한다는 사실이다. 상처가 될 수 있는 모진 말은 누구에게든 언제든 하지 말아야 한다는 것이다. 사람의 운명은 언제 어떻게 될지 모르기 때문이다. 내가 어머니와 통화할 때 살갑게 대해드리지 않으면 아내는 뭐라고 한다. '노모와 통화할 때는 항상 마지막이라는 생각을 갖고 기분 좋게 응대하라'고. 어머니를 뵙고 돌아올 때도 오늘 뵙는 것이 마지막이 될지 모른다는 생각을 하라고 늘 강조한다. 맞는 말이다. 면대면 접촉이든 언택트(untact)든 누구를 대할 때는 언제 무슨 일이 일어날지 아무도 모르기 때문에 항상 친절하고 겸손한 자세를 보여야 한다는 사실을 다시 깨우쳤다.

참 이상한 일도 있었다. 지금 생각해도 도저히 우연이라고 믿어지지 않는다. 가족 단톡방에서 딸이 죽기 이틀 전에 나 혼자 그냥 나와 버렸다. 특별한 이유가 있었던 것도 아닌데, 왜 그랬는지 도무지 알 수 없다. 우연히 일어난 일 같지만, 개인의 의지와 상관없이 큰 사고가 발생하기 전 종종 이와 유사한 형태의 일이 벌어져 혹시 보이지 않는 무엇이 작용하지 않았나 하는 의구심을 갖게 된다.

딸이 죽고 나서 알았는데, 카톡 프로필 상태 메시지에 "It will end soon(이제 곧 끝날 것)"이라고 쓰여있었다. 왜 이렇게 중요한 메시지를 사전에 발견하지 못했는지…. 카톡에 친구로 등록된 사람들의 프로필과 배경화면에 올려놓은 사진 등을 가끔 살펴보면서 그들의 근황에 관심을 가질 필요가 있을 것 같다. 카톡 상태 메시지에는 일반적으로 당시의 생각, 새로운 소식, 좋아하는 경구나 금언 등을 간단하게 소개하는 내용을 올리는 경향이 있다. 자신의 근황을 상징적으로 표현하는 글이나 그림 또는 사진 등이 대부분이다. 프로필이나 배경화면 등을 보면 상대방이 현재 어떤 상태에 놓여있는지를 짐작할 수 있게 한다.

이제 생각하니 이미 오래전부터 마음의 결심을 하고 경고를 보냈는데 그걸 알아차리지 못한 것이다. 자식이 보내는 위험 신호를 인지하지 못한 나의 무감각과 무신경 그리고 섬세하지 못했던 관찰력 때문에 더욱 미안하고 부끄럽다. 아빠로서 책무와 도리를 게을리한 것이다. 지나고 보면 사소한 순간이 얼마나 중요하고 절박한 상황이었는지 모르는 경우가 많다. 그런 순간을 잘 포착하는 것이 정말 힘든 것 같다. 상대방이 나에게 어떤 경고를 보내거나 넌지시 속내를 내비쳐도 알아차리지 못할 때가 많다. 상대방은 은연중 무엇인가 심각성을 알리고 암시하는 메시지를 보내는데 대수롭지 않게 무시하고 넘기는 것이다. 내가 듣고 싶은 말만 듣는 선택적 지각(selective perception) 때문일 것이다.

 딸이 오래전부터 보여주었던 불길한 징조를 발견하지도, 경고를 눈치채지도 못했다. 삶을 정리하려는 전조현상이 부지불식간에 수차례 나타났지만 전혀 알아차리지 못했다. 하인리히(Herbert William Heinrich) 법칙이 있다. 1:29:300 법칙이라고 부르기도 한다. 대형 사고가 한 번 나기 전에는 수십 차례의 사소한 사고와 수백 번의 전조현상이 나타난다는 것이다. 큰 사고는 갑자기 발생하는 것이 아니고 경고나 암시 등의 징후가 사전에 반복적으로 나타난다는 것이다. 하인리히 법칙을 딸의 죽음에 적용하는 것은 무리가 될 수 있지만, 딸은 오래전부터 수차례 경고를 보냈다. 그것을 전혀 눈치채지 못했다.

 결국, 이 세상에서 가장 끔찍하고 가장 가슴 아픈 자식의 죽음을 막지 못하는 불행한 일이 일어났다. 딸이 부지불식간에 넌지시 보냈던 경고 메시지를 정확하게 인지하지 못한 나는 정말 우둔한 아빠였다. 아빠로서 보다 더 섬세하고 예리한 관찰력을 발휘하지 못한 것이 원망스럽다. "악마는 디테일에 있다(The devil is in the detail)"는 말이 있다. 사소하고 하찮게 보이는 언행도 무심코 지나치지 말고 세심하게 관찰하고 귀를 기울일 필요가 있다는 교훈을 얻었다.

03
자식을 앞세운 죗값

잎이 다 떨어진
그루터기

　　　　나는 2015년 8월 대학에서 정년퇴직했다. 일과 책임으로부터 완전하게 벗어나니 날아갈 것처럼 홀가분했다. 유유자적할 수 있었다. 이것이 바로 내가 바라던 자유와 해방이라는 생각이 들었다. 그런데 무위도식은 그리 오래가지 않았다. 2년쯤 지나니 더는 희망과 꿈도 없고, '내 사회생활은 이제 끝'이라는 절망감에 휩싸이지 않을 수 없었다. 삶에 대한 회의가 찾아오기 시작했다. 매사에 의욕도 사라지고 귀찮다는 생각이 들었다.

　　세라 요게브(Sera Yogev)는 『행복한 은퇴: 따로 또 함께 사는 부부관계 심리학(A Couple's Guide to Happy Retirement)』에서 "직장에 다닐 때는 일이 있고, 보람이 있고, 성취감을 느끼면서 바쁘게 지냈다. 가족 이외의 가치에 몰두하면서 정신없이 지냈다. 자기 명함을 갖고 정체성이 확실했지만 그런 보람, 성취, 일이 사라지면 허탈하고 목적의식이나 의미를 상실하게 된다. 그러면서 직장이라는 넓은 사회적 공간 대신 제한된 좁은 집 안에 갇히게 되니 답답해진다"고 했다.

퇴직 후 희망과 목표가 사라지고, 노력할 필요도 없으며, 더 바랄 것이 없다고 생각하니 삶이 허탈하고 의미가 없으며 모든 가치를 상실한 것처럼 보였다. 자연스럽게 공허감, 무기력감, 동기실종, 박탈감, 절망감, 회의감 등이 찾아왔다. 그동안 앞만 보고 치열하게 달려왔는데 이제 그럴 필요가 없어지니 삶이 무료해지고 허무감에 빠지게 된 것이다. 우치다테 마키코(內館牧子)의 소설 『끝난 사람』에서 정년퇴직을 "이건 완전 생전 장례식"이라고 한 말이 실감 났다. 은퇴의 적인 우울증에 걸리는 것이 아닌가 걱정이 되었다.

  쇼펜하우어는 『행복론과 인생론』에서 "인간의 행복을 가로막는 두 가지 적수는 고통과 무료함임을 알 수 있다.… 내면의 공허가 바로 무료함의 근원인 것이다"라고 했다. 퇴직 후 그런 현상의 원인을 쇼펜하우어의 말처럼 할 일 없이 빈둥거리다 보니 공허감과 무료함을 느꼈기 때문이라고 진단했다. 하지만 근본적인 이유는 퇴직 후에도 무엇인가 하고 싶고 되고 싶은 욕망이 잠재의식 속에 꿈틀대고 있었기 때문이 아닌가 자성했다. 퇴직 후 일과 책임으로부터 완전하게 해방되자고 다짐했고, 여기저기 일을 찾아서 기웃거리는 노추(老醜)를 보여서는 절대 안 된다고 결심했다. 말로는 마음을 완전하게 비웠다고 하면서 내심 무엇인가 은근하게 기대를 걸고 있었던 것 같았다.

  인간은 욕망의 지배를 받기 때문에 자신을 완전하게 내려놓는다는 것은 쉬운 일이 아닐 수 있다. 나는 마음을 비우기 위해서 나 자신을 설득시킬 수 있는 논리를 찾아야 했다. 헬렌 짐먼(Helen Zimmern)이 지은 『쇼펜하우어 평전: 염인주의자의 인생과 철학

(Arthur Schopenhauer: His Life and His Philosophy)』에 의하면 쇼펜하우어는 "적당한 체념은 인생이라는 여행의 가장 요긴한 준비사항"이라고 했다. 결국, 적당한 체념은 퇴직 후 잃어버렸던 살맛을 되찾고 마음의 안정을 회복하는 데 커다란 도움이 되었다. 간신히 은퇴 생활에 적응하기 시작하였다.

그런데 딸이 내 곁을 떠나면서 악몽은 또다시 시작되었다. 삶의 목적과 의미를 다시 상실했다. 살아가야 할 이유와 삶의 의욕을 잃었다. 웃음도 사라졌다. 말수도 적어졌다. 인상도 굳어졌다. 항상 마음이 어둡고 우울하고 몸과 머리가 무거웠다. 말하는 것도 귀찮고 움직이는 것도 싫어졌다. 늘 짜증이 나있는 상태라 누가 말을 걸면 신경질이 앞섰다. 대인기피증까지 생겼다. 지인들과 가끔 어울려 즐기던 운동도 한동안 끊었다. 각종 모임에도 나가지 않았다. 친구들은 아직도 내 딸이 죽은 사실을 전혀 모른다. 방에서 혼자 지내는 시간이 많아졌다. 철저하게 자신을 사회관계로부터 스스로 고립시킨 가운데 혼자 슬픔에 잠겨 지냈다. 자식을 잃은 유가족을 세상과 멀리 떨어져 아무도 찾지 않고, 너무 작아서 지도에도 표시되지 않는 '작은 무인도'라고 표현한다.

죽은 딸의 사진, 편지, 메모, 상장, 졸업장, 학위증, 고용계약서 등을 볼 때마다 너무 아깝고 원통하다. 딸과 주고받은 편지를 보면 딸이 더욱더 그리워지고 눈물이 저절로 흘렀다.

딸이 세상을 떠나기 4년 전 어버이날을 맞이하여 쓴 "사랑하는 내 부모님"으로 시작하는 편지다.

> 엄마 아빠, 이번 어버이날 조금이나마 감사의 마음을 전하고자 몇 자 적어요. 생각해보면 나는 늘 엄마 아빠한테 받기만 했어. 나 공부시키랴, 정신 잡아주랴, 항상 빚만 지는 것 같아요. 이제 나이도 곧 30대 후반으로 넘어가는 시점이 돼서야 부모님과 가족의 소중함을 더욱 많이 깨닫고, 배우는 것 같아…. 앞으로 내가 할 일은 이제 이렇게 나를 키워준 두 분께 자랑스럽고 어엿한 둘째 딸이 되는 거야…. 늘 사랑하고, 또 사랑하지만 시간이 지날수록 더 많이 사랑하고 존경해요. 낳아주셔서 감사합니다, 사랑해요.

딸을 잃고 사는 즐거움과 재미가 사라졌다. 딸 생각이 날 때는 너무 괴롭다. 엊저녁에도 잠자리에 누워 딸 생각에 엎치락뒤치락하면서 한동안 잠을 이루지 못했다. 딸이 너무 보고 싶고 미안하고 죄스럽고 불쌍하고 안타깝다. 눈에 넣어도 아프지 않을 자식을 앞세운 부모가 겪는 애통함은 아마도 이 세상 어느 것과 비교할 수 없을 정도로 크고 심각한 것 같다. 이 세상에 이보다 더 큰 고통은 어디에도 없을 것이다. 슬픔과 고통이 너무 커서 내가 죽어야 완전하게 해방될 것 같았다. 오죽 힘들었으면 죽고 싶은 심정이겠는가? 그러나 솔직히 죽을 용기가 나질 않았다. 내가 너무 비겁하다는 생각도 했다. 스스로 죽는 것은 정말 대단한 결단이 필요하다는 것을 알았다. 차라리 사고가 나거나 아침에 눈을 뜨지 않았으면 좋겠다는 방정맞은 생각까지 했다.

  너무 힘들다 보니 '살까 말까'를 고심하게 된 것이다. 딸을 지키지 못한 죄책감과 슬픔 때문에 그렇다. 아빠로서 자식을 제대로 돌보지 못하고 지키지 못한 회한과 슬픔, 그리고 부족한 아빠로서 속죄 차원에서 그런 마음을 갖게 된다. 그러나 냉정하게 생각해본다. 과연 그 길이 죽은 딸과 주변 사람들을 위한 최고의 선택일까? 내가 겪는 고통을 회피하기 위한 이기적인 생각은 아닐까? 자식이 죽었다고 따라가는 것이 과연 합리적이고 이성적인 행동일까? 많은 생각에 잠기면서 슬픔을 억누른다.

  딸이 죽고 온 가족이 오열하는 가운데 집안 분위기가 푹 가라앉았다. 아내는 딸이 보고 싶다고 매일 흐느꼈다. 집 안은 적막이 흐르고 고요한 절간 같았다. 침체된 집안 분위기 때문에 가장인 나는 아리고 쓰린 마음을 내색할 수조차 없었다. 내가 중심을 잡지 않으면 집안이 흔들리고 위기관리가 어려워질 것이 너무 뻔해서 슬픔을 속으로 삭이면서 이를 깨물고 참고 또 참으면서 의연한 척해야 했다.

  가족이 보이지 않는 곳에서 나 홀로 울분과 분노를 달래면서 울어야 했다. 정진홍은 『정진홍의 사람공부: 사람을 아는 것의 힘』에서 건축가 김중업의 "집 어느 구석에서든 울고 싶은 데가 있어야 한다"는 말을 소개하면서, "살다 보면 울고 싶을 때가 있다. 아니 울어야 할 때가 있다. 하지만 정작 남의 시선을 의식하지 않은 채 혼자 실컷 울고 싶은 곳을 찾기란 쉽지 않다"라고 했다.

보건복지부에서 나와 같은 처지의 유가족에게 위로가 되는 말을 골랐는데, '힘들면 실컷 울어도 돼'가 3위에 올랐다고 한다. 1위는 '많이 힘들겠다', 2위는 '네 잘못이 아니야'라고 한다. 나는 방문을 걸어 잠그고, 산책하면서, 산에 오르면서, 운전 중에, 음악을 들으면서 혼자 흐느끼고 마음을 달래야 했다. 산에 가서 실성한 사람처럼 소리도 질러보고 슬픈 음악을 틀어놓고 막걸리를 마시면서 울다가 내려온 적이 한두 번이 아니었다.

오늘도 '외로운 양치기(The Lonely Shepherd)', '철새는 날아가고(El Cóndor Pasa)', '아르헨티나여! 나를 위해 울지 말아요(Don't Cry for Me Argentina)', '저녁 종소리(The Evening Bell)' 등을 연거푸 들으면서 걸었다. 내내 고개를 떨구고 딸 생각에 잠겼다. 딸이 보고 싶고 그립다. 딸의 죽음을 생각하면 한숨만 나온다.

아빠의 역할을 다하지 못한 자신이 너무 원망스러웠다. 자식을 지키지 못했고 결국 영원히 떠나보낸 나는 하찮고 무기력한 존재란 생각이 들었다. 나는 아무것도 아니라고 생각했다. 모든 것을 잃어버렸다는 상실감과 허탈감에 빠지지 않을 수 없었다. 젤딘에 의하면 17세기 인도의 한량이자 상인의 아들인 바나라시다스(Banarasidas)는 아홉 명의 아들을 앞세웠다고 한다. 통한에 사무친 그는 "부모는 잎이 다 떨어진 나무처럼 그루터기로 남는다"라고 하였다. 자식을 잃은 자신을 스스로 아무것도 아닌 존재로 인식했다고 한다.

자식을 앞세운 순간 나는 모든 것을 다 잃었다는 상실감에 빠지지 않을 수 없었다. 딸을 하늘나라에 보내고 잎이 다 떨어진 나무의 그루터기와 같은 꼴이 되었다. 땅에 박힌 채 썩은 고주박에 불과한 존재로 전락하고 말았다. 아무짝에도 쓸모없다는 자괴감에 빠지지 않을 수 없었다. 죽을 때까지 그 죄책감을 잊지 못한 채 참회와 속죄하는 자세로 딸을 가슴에 묻고 살아가야 하는 사나운 팔자가 되었다. 그렇지 않아도 사람이 나이 들면 누구나 나무를 베어내고 남은 등걸 신세가 되는 것이 자연의 섭리인데, 딸의 죽음이 그 시기를 앞당겼다고 생각한다. 하지만 나는 비록 고주박과 같은 안타까운 처지가 되었지만, 군불을 지필 때 쓸모가 있을 것이라는 기대 속에 스스로 위로하면서 오늘도 내일도 힘과 용기를 내고자 한다.

엄마 소리가
듣고 싶다

 이 세상 모든 부모와 자식 관계는 특별하다. 개인차는 있겠지만 이는 자연적이고 당연한 현상이다. 아내와 둘째 딸의 관계는 남달랐다. 아내는 둘째와 누구보다 가장 가까웠고 소통이 잘 됐다. 호흡이 그렇게 척척 맞을 수가 없었다. 아내는 큰딸이 소외감을 느낄 정도로 둘째와 유별난 관계를 유지했다. 둘째에게는 특별하게 헌신적이었고, 뒷바라지라면 아낌이 없었다. 지나치다 싶을 정도로 희생적이었고 무조건적이었다. 그리고 아내는 무슨 일이든 둘째와 소통하면 해법이 나오고 기분이 전환되기 때문에 둘째를 제일 먼저 찾았다. 아내는 고민거리가 생기면 순발력이 뛰어난 둘째와 늘 상의했다. 아내는 기분이 꿀꿀해도 무조건 둘째에게 전화를 걸었다. 둘째와 대화하면 고민이 순식간에 해소된다고 한다. 즉문즉답 효과 만점이라고 했다. 둘째와 대화하면 금방 기분이 좋아지고 웃음도 나오고 답답한 속이 '뻥' 뚫린다고 했다.

 둘째도 언제나 엄마 편에서 엄마를 가장 잘 이해했고, 힘들 때 위로해주고 용기를 주었다. 엄마를 각별하게 아끼고 배려하면서 챙겼다. 엄마 마음을 누구보다 가장 잘 헤아렸다. 그런 딸이기에 아내는 시시콜콜한 것까지 가리지 않고 미주알고주알 둘째에게 모두 털어놓았다. 옆에서 듣다 보면 모녀간 원활한 소통이 바로 이런 것이구나 감탄할 정도였다. 절친끼리 대화하는 것 같아 도대체 누가 엄마고 딸인지 구분이 안 될 때가 많았다. 앞서 소개한 딸의 편지에서 "엄마가 나보다 더 아기 같다", "엄마가 편안한 벗 같은 생각이 든다"고 할 정도로 서로 잘 통했다. 큰딸이 엄마에 대해서 이런저런 이야길 하면 엄마는 절대 안 변하니 언니가 엄마에게 무조건 맞추라고 언제나 엄마 편에 섰다.

아내는 그런 딸을 떠나보내고 가슴속에 묻어둔 이야길 풀어낼 대상이 없어 응어리가 뭉쳐있는 것 같다고 한다. 둘째가 없으니 속내를 털어놓을 곳이 없다고 하소연한다. 발설(發說)하지 못하니 답답해서 견디기 무척 힘들다고 한다. 누가 기분을 좀 언짢게 하면 자기를 가장 잘 다독여주던 둘째 딸 생각이 난다고 하면서 더 서러워한다. "YJ는 나를 누구보다 가장 잘 이해했는데" 하면서 둘째를 그리워한다. 그렇게 잘 통하고 아낌없이 베풀던 딸이 없으니 얼마나 허전하고 쓸쓸할까?

딸을 잃고 너무 슬퍼서 죽을 것 같다고 한다. 성모 마리아가 십자가에 매달려 죽어가는 예수님을 보면서 겪은 고통에 비하면 자기는 아무것도 아니라고 위안을 삼기도 한다. 그렇지만 사랑하는 딸을 떠나보낸 아내의 슬픔과 고통은 가라앉지 않는 것 같다. 매일 흐느끼고 오열하면서 보고 싶다고 절규하는 모습이 너무 애처롭고 억장이 무너지는 것 같다. 잠도 못 이루고 식욕도 잃은 채 신음하는 아내를 지켜보는 마음은 찢어질 것 같다.

제대로 식사를 못 하니 체중이 많이 줄었다. 아내는 평생 짙은 화장도 하지 않았고 동안(童顔)이었는데, 딸을 잃고 몇 년 사이에 바싹 늙었다. 너무 수척해졌다. 거울을 보면서 "이게 내 얼굴이 맞는지 모르겠다"고 한다. 어딜 가도 자신의 모습이 보기 흉하다고 사진을 찍지 못하게 한다. 이웃 사람들이 왜 그렇게 야위었느냐고 걱정하면서, 혹시 몸이 아픈 것 아니냐고 묻는다. 평소 명랑하고 쾌활하고 밝았던 아내의 표정이 늘 굳어있다. 웃음을 잃은 지 꽤 되었다.

이른 새벽 거실에서 기도하면서 얼마나 울었는지 눈이 퉁퉁 부어있는 아내를 보았다. 밤늦은 시간 밖에서 이상한 소리가 들려 나가봤더니 불도 켜놓지 않은 채 캄캄한 부엌에서 혼자 술을 마시면서 흐느끼고 있었다. "당신 마음 충분하게 이해해. YJ가 많이 보고 싶지? 실컷 울어"라고 위로하는 내 마음도 편할 리 없다. 울컥울컥 딸 생각이 날 때는 정말 미칠 것 같다고 하면서 훌쩍인다. 나도 아빠로서 자식을 잃은 슬픔과 죄책감 때문에 몸을 가누기 힘든데, 넋을 잃고 슬퍼하는 아내에 대한 안쓰러운 마음과 겹치니 더욱 견디기 어렵다.

아내는 딸을 영적으로만 만나니 한계가 있다고 한다. 딸을 그만 놓아줄 때가 되었는데 마음대로 되지 않는다고 한다. 딸이 너무 보고 싶다고 어제도 울었고 오늘도 울고 있다. 내일도 또 울 것이다. 너무 서럽게 울다가 지쳐 축 늘어진 채 기진맥진한 아내에게 "당신이 운다고 딸이 살아서 돌아올 리도 없다. 당신의 몸과 마음이 망가지는 것을 YJ가 원하는 것이 아니잖느냐? 우리 정신 차리자. 힘을 내자. 이제는 현실을 그대로 받아들이자"고 설득해도 소용이 없다. "내가 이러고 싶어서 그러는 것이 아니다. 딸에게 전혀 도움이 되지 않고, 딸을 위한 것도 아니란 걸 난들 왜 모르겠나. 아무리 다부진 마음을 먹고, 또한 '이러면 안 되지'라고 다짐해도 슬픈 마음이 진정되지 않고 눈물만 난다"고 한다. 눈물샘이 터졌는지 눈물이 자동으로 흐른다고 한다. 가깝게 지내는 성당 교우와 통화하면서 울먹이는 모습을 보는 것은 거의 일상이 되었다.

오늘은 딸의 목소리가 듣고 싶다고 하면서 훌쩍이고 있다. 둘째가 '엄마'라고 부르는 목소리를 듣고 싶어 미칠 것 같다고 한다. 엄마는 "생각만 해도 코끝이 찡하고 가슴이 저며오는 그 이름"이라는 사모곡(思母曲)이 있듯이 둘째 딸이 '엄마' 하고 부르는 소리가 그리운 것이다. 아내는 엄마 노릇을 하고 싶은 것이다. 엄마의 지위를 누리면서 엄마의 소임을 하고 싶은 것이다. 딸을 위해서 고추장찌개를 끓이고 맛있게 먹는 모습을 보고 싶은 것이다. 자기에게는 돈 한 푼 쓰지 않으면서 딸이 좋아하는 것을 사주고 싶은 것이다. 그러나 딸을 위해서 엄마가 할 수 있는 일은 기도나 미사 봉헌 이외에 모두 막혀 버렸다. 실질적인 엄마의 지위를 회복할 길도 전혀 찾을 수 없게 되었다. 엄마가 아무리 큰 소리로 딸을 불러도 아무런 대답이 없을 것이다. 둘째 딸이 '엄마' 하고 부를 기회도 영영 돌아오지 않을 것이다. 너무 애처롭다.

아내는 딸의 손을 한번 만져봤으면 좋겠다고 한다. 손은 생명의 원천적 기능을 수행한다. 성경에 "하나님이 인간을 창조할 때 손으로 빚었다"고 했다. 요즘은 아기 백일잔치나 첫돌기념에 손과 발바닥 사진을 찍을 정도로 손은 신체의 여러 부위 중 상징적인 의미가 크다. 손을 한번 만져봤으면 좋겠다는 것은 그냥 보고 싶다는 차원을 훨씬 능가한 더 절실한 그리움과 동경의 감정을 표현하는 것이라고 볼 수 있다. 딸과의 스킨십을 통해서 모녀간 정을 나누고 체온을 느끼고 싶은 것이다. 이제는 딸의 손을 잡아줄 수도 만져볼 수도 없으니 얼마나 안타까운 일인가?

아내는 딸의 체취를 느끼고 싶다면서 딸이 즐겨 입던 옷을 베개 밑에 깔고 잔다. 딸의 옷 몇 벌을 장롱에 걸어두고 수시로 열어서 만져본다. 옷에 코를 대고 냄새를 맡기도 한다. 며칠 전에는 딸이 보고 싶다고 슬피 울다가 방으로 들어가 딸의 옷을 꺼내 가슴에 품고 오열했다. 딸을 그리워하는 엄마의 애절한 마음을 이렇게 표출하는 것이다. 아내는 딸 생일에 딸과 마지막으로 식사했던 식당을 2년 가깝게 가지 않았다. 딸이 좋아하는 음식도 오랫동안 입에 대지 않았다. 딸 생각 때문에 밥이 목으로 넘어가지 않을 것 같기 때문이라고 했다. 심지어 자식을 앞세우고 내가 살겠다고 밥을 먹는 자체가 죄스러운 일이라고 하면서 너무 뻔뻔한 자신이 얄밉고 이해할 수 없다고 한다.

아내는 둘째는 정도 많고 너무 사랑스러운 딸이었는데 엄마가 힘들어할 것을 뻔히 알면서 곁을 떠났다고 나무란다. 야속한 마음에 때로는 '나쁜 ×'라고 욕도 한다. 아내는 유달리 사랑했던 딸을 떠나보내고 힘든 나날을 보내고 있다. 정말 견디기 어려워한다. 딸을 잃은 후 머리끝부터 발끝까지 아프지 않은 곳이 없다고 한다. 딸 이야기를 쓰고 있는 나에게 와서 온몸이 아프다고 하소연한다. 기력이 너무 없고 너무 피곤하다고 한다. 밖에 나가는 것도 귀찮다고 한다. 오후에 안과 진료예약이 되어있는데 힘이 없어 가기 싫다고 한다. 아내는 밥 짓고 청소하고 기도하는 시간 이외에는 누워있는 시간이 많다. 요즘은 행동도 굼뜨고 말귀도 잘 알아듣지 못하는 것 같다. 답답할 때가 많아졌다. 나이 탓도 있겠지만 딸을 잃고 더 심해진 것 같다. 재치가 넘치고 임기응변에도 일가견이 있었는데, 이렇게 된 아내가 너무 측은하다.

  밖에 나가 바람 좀 쐬자고 해도 싫다고 한다. 놀러 가자고 해도 시큰둥하다. 스스로 성벽에 가두지 말고 고립감에서 벗어나자고 설득해도 별 효과가 없다. 자꾸 이러면 진짜 우울증에 걸려 고생할지 모른다고 경고를 보내도 무반응이다. 나는 자식을 하늘나라에 떠나보낸 부모들이 겪었던 애통과 이겨낸 과정을 소개해주고 위로하면서 아내와 동고(同苦)의 감정을 가지려고 노력하고 있다. 쇼펜하우어는 『의지와 표상으로서의 세계』에서 "다른 사람의 고통을 나 자신의 고통과 같은 것으로 여기는 것이 동고이고 연민"이라고 하면서 "모든 참된 순수한 사랑은 동고이고, 동고가 아닌 모든 사랑은 사욕"이라고 했다. 딸을 잃고 아내는 눈물을 흘리지 않는 날이 하루도 없다. 자식을 먼저 보내고 너무 슬피 운 나머지 눈이 멀었다는 상명지통이란 말을 전적으로 공감하는 처지가 되었다.

내가 2014년 지방선거에서 충북 교육감 선거에 출마했을 때 세월호 참사가 일어났다. 선거운동 중에 사고 소식을 듣고 즉각 활동을 중단했다. 그리고 다음 날인 4월 17일 새벽에 주위에 알리지 않고 조용히 팽목항으로 달려갔다. 그날따라 비가 오는 쌀쌀한 날씨에 바닷바람도 세찼고 을씨년스럽기 짝이 없었다. 파도치는 먼바다를 바라보면서 하염없이 넋을 잃고 두 손을 모은 채 눈물을 흘리던 어떤 어머니의 모습을 지금도 잊을 수가 없다. 가족끼리 서로 부둥켜안고 눈이 퉁퉁 붓도록 모두가 울고 있었다. 실신하여 응급조치를 받는 학부모도 있었다. 학부모도 울고, 나도 울고, 팽목항에 모인 사람들 모두 울었다. 팽목항도 슬퍼하는 것 같았다.

나는 처남이 항공기 추락사고를 당하여 생사를 몰라 발을 동동 구르면서 애태우던 당시 처가의 모습이 생각났다. 절망 속에 한 가닥 희망을 키우면서 처절하게 울부짖던 장모의 모습을 떠올리면서 팽목항에 모인 학부모들의 마음을 충분하게 헤아릴 수 있었다. 그런데 아내와 내가 자식을 앞세우는 똑같은 처지가 될 줄이야. 세월호 사고로 자식을 잃은 어느 엄마가 몇 년이 지난 뒤 "제발 내가 그것을 극복했는지 묻지 말아주세요. 난 영원히 그것을 극복하지 못할 거니까요"라고 한 말이 생각났다. 딸을 하늘나라에 보내고 수년간 고통받고 있는 아내의 마음과 조금도 다를 바 없는 것 같다. 엄마가 겪는 참척의 고통이 이렇게 심한 줄 몰랐다.

피하지 못한 공황장애

홍강의와 정도언은 공동으로 한국인의 정서와 사회적 환경을 고려하여 스트레스 지수를 개발했다. 12위까지 순위는 ① 자식 사망, ② 배우자 사망, ③ 부모 사망, ④ 이혼, ⑤ 형제자매 사망, ⑥ 배우자의 외도, ⑦ 별거 후 재결합, ⑧ 부모 이혼·재혼, ⑨ 별거, ⑩ 해고·파면, ⑪ 정든 친구의 사망, ⑫ 결혼 등으로 나와있다. 5위 안에 4개가 죽음과 연관되었으며, 자식의 죽음이 스트레스 지수 1위에 올라있다.

"그 사람의 신발을 신고 1마일을 걸어보기 전까지는 그 사람을 비판하지 말라(Never criticize a man until you've walked a mile in his moccasins)"는 인디언 속담이 있다. 경험하지 않고 상대방을 섣불리 판단하거나 평가하지 말라는 의미라고 볼 수 있다. 마찬가지로 자식의 죽음을 겪어보지 않은 사람들은 그 처참한 심정을 이해는 하겠지만, 당사자의 스트레스가 얼마나 큰지는 속속들이 잘 모를 것이다. 기가 막히고 뼈에 사무치는 원망과 살을 에는 듯한 고통을 어찌 다 말로 표현할 수 있겠는가? 딸의 죽음은 청천벽력과 같은 깜짝 놀랄 일이었다. 나에게 어떻게 이토록 가슴 아프고 충격적인 일이 일어날 수 있을까? 살아오면서 가장 슬프고 가장 안타깝고 가장 잊을 수 없는 일이 되었다. 자식의 죽음은 정말 견디기 힘들다. 가슴이 쓰리고 아프다. 애간장이 녹는다. 속이 답답하고 간질거려 참기 벅차다. 기가 막힌다. 고통의 시간이 시작되면 이겨낼 재간이 없다. 위안이 될만한 구실과 핑계를 찾아 마음을 진정시키고 달래려고 아무리 애를 써도 쉽게 가라앉지 않는다. 이러다 내가 망가지겠구나 하는 불안감에 휩싸이게 된다.

　사람이 스트레스를 많이 받으면 불안, 초조, 근심, 걱정 등에 빠지게 되고, 급기야 정신질환으로 발전한다. 이런 상황에서 발병하지 않고 온전하다면 오히려 이상한 일이 될 것이다. 딸을 잃고 비정상적인 모습을 보이는 것이 정상이지, 멀쩡하다면 그것이 오히려 비정상이 아닐 수 없다. 초기에는 며칠에 한 번씩 약간의 어지럼증이 있다가 증상이 점점 심해지고 빈도가 잦아졌다. 머리가 띵하고 멍하고 무거웠다. 가슴이 답답하고 두근거리고 숨이 찼다. 속이 메슥거리고 소화가 잘되지 않았다. 소변이 잦았다. 이명(耳鳴) 현상이 끊이질 않았다. 얼굴과 손발이 부었다. 평소에는 잠자리에 누우면 5분도 채 안 되어 곯아떨어졌는데 날밤으로 보낸 적도 많았다. 취침 중 가슴에 땀이 나서 잠옷을 흠뻑 적셨다. 발바닥에 땀이 차 하루에 양말을 일곱 번씩 갈아 신기도 했다.

　수전증이 왔다. 식사할 때 수저를 든 손이 떨렸다. 아무리 중심을 잡으려 노력해도 떨리는 손을 제어할 수 없었다. 누가 볼까 봐 허리를 구부리고 밥그릇과 국그릇을 입 가까이 대고 식사를 했다. 수축 혈압이 180~190까지 올라갔다. 숨이 차고 어지러워 견디기 정말 힘들어 대학병원 응급실을 세 번이나 찾았다. 이런 증상의 원인을 찾으려고 심장내과, 이비인후과, 안과, 한의원에도 갔다. 심전도 검사, 혈액검사, 소변검사, 혈당검사, X-ray 촬영, 심장 초음파 검사를 했다. 결국, 난생처음 고혈압 진단을 받았다. 그 외 특이 사항은 없었지만 몇 가지 증상이 동시에 간헐적으로 나타났다. 2~3일에 한 번씩 나타나던 증상이 급기야 하루에도 3~4회씩 반복되는 등 빈도가 잦아졌다.

나는 약 30여 년 전 어느 날 새벽녘에 담석증으로 진땀이 나고 극심한 복통 때문에 배를 움켜쥐고 뒹굴면서 곤혹스러웠던 경험을 했다. 담석이 움직일 때 느끼는 통증의 강도가 얼마나 심한지는 누구나 잘 아는 사실이다. 그렇지만 어지럽고 숨차고 가슴이 답답하면서 호흡이 곤란한 증상을 견디는 것은 담석증과 비교할 수 없을 정도로 더 고통스러웠다. 숨 쉬는 것이 어려우니 죽을 것만 같았다.

이런 다양한 증상이 나타나기 오래전에 겨울방학 때 손자의 호주 주니어캠프를 계획하고 등록까지 마쳤다. 의무적으로 보호자가 따라가야 하는데 내가 손자와 함께 가기로 되어있었다. 그런데 건강상태가 좋지 않아 마음이 내키지 않았지만, 작년에 가려다 못 가고 올해 간다고 한껏 기대에 부풀어있는 손자가 실망할 것 같아 취소할 수 없는 상황이었다. 손자와 함께 호주에 갈 생각만 하면 더 어지럽고 가슴이 두근거리고 호흡이 곤란해지면서 혈압이 올라가고 맥박이 빨라지기 시작했다. 호주에 가서 만약 이런 증상이 나타나면 손자를 어쩌나 걱정이 앞섰다. 호주에 가서 갑자기 응급실 신세를 지게 된다면 어린 손자를 숙소에 혼자 어떻게 남겨놓나 불안했다. 학교 근처에 종합병원이 있는지도 미리 검색해보았다.

  출국 날짜만 손꼽아 기다리면서 기대에 부푼 손자 때문에 주니어 캠프를 취소하지 못하고 결국 출국차 인천공항에 나갔다. 탑승 수속을 하려는데 어지럽고 속이 메스껍고 가슴이 두근거리면서 편두통이 오고 목이 뻣뻣해졌다. 혈압이 급상승하였다. 밖에 나가 바람을 쐬어도 증상은 가라앉지 않았다. 결국, 출국을 포기하고 손자와 집으로 돌아올 수밖에 없었다. 출국 차 가방을 싸 들고 공항에 나갔다가 도로 집으로 돌아오는 흔하지 않은 경험을 하게 되었다. 다음 날 몸도 좋지 않은 아내가 준비도 없이 갑자기 대타로 호주로 떠났다.

  나는 곧바로 40여 개 항목에 걸쳐 종합검진을 받았다. 역시 특이사항은 없었지만, 증상은 여전했다. 아내는 신경정신과를 가보는 것이 어떠냐는 의견을 제시하였다. 신경정신과에 갔더니 자율신경의 교감신경과 부교감신경의 균형이 심하게 깨졌다는 것이다. 딸의 죽음이 근본 원인이 되어 스트레스가 쌓이고 불안감 때문에 공황장애(panic disorder)가 온 것이다. 정년퇴직 후 우울한 증상을 정말 어렵게 극복했는데, 딸의 죽음이 진짜 환자를 만든 것이다. 나와 같이 자식을 잃은 유가족을 '초고위험군'으로 분류하기도 한다. 자율신경 검사 전후의 경두개 자기자극기(rTMS) 치료 결과를 비교해보니 교감신경과 부교감신경의 균형이 상당 부분 회복되었다. 의사는 치유력이 매우 좋아서 약 2주 정도 약을 먹으면 괜찮아질 것 같다고 하면서 처방전을 써줬다.

  병명이 무엇인지 알고 나니 완치에 자신감이 붙었다. 단전호흡을 시작했다. 햇볕을 쐬면서 열심히 걸었다. 아침저녁 두 차례씩 약을 먹고 rTMS 치료를 몇 번 받으니 증상이 현저하게 완화되었다. 4주 후에는 약을 하루에 한 번씩 복용하게 되었고, 3개월 만에 거의 회복이 되었다. 하지만 아직도 심한 스트레스를 받으면 가슴이 답답하고 머리가 띵한 증상이 나타난다. 코로나19 예방백신을 접종하고 2~3주 동안 가슴이 두근거리고 혈압이 오르는 등의 부작용 때문에 공황장애 약을 다시 먹기도 했지만 이제는 가라앉았다. 환자를 따뜻하게 상담해주고 공감하면서 적절한 처방을 내려준 의사와 언제나 친절하게 반겨주던 간호사에게 감사한 마음을 갖고 있다.

  신경정신과에는 젊은 환자들로 붐볐다. 상담 예약도 매일매일 꽉 찼다고 한다. 젊고 멀쩡한 외모인데도 정신적으로 많은 스트레스와 불안 그리고 초조감에 시달리는 우울증 환자가 많다는 사실에 놀랐다. 코로나 때문에 우울증 환자가 늘어났다고 한다. 조한경은 『환자혁명』에서 최근 들어 가장 급격하게 증가한 질환 중 하나가 우울증이며, 장기간 최고 베스트셀러 자리를 지키고 있던 콜레스테롤 저하제 리피토를 밀어내고 우울증 치료제 프로작이 1위 자리에 등극했다고 한다. 현대인은 물질적으로는 풍요로운 데 반해서 정신적으로 많은 스트레스에 시달리는 것이 사실인 것 같다.

  그동안 건강 하나는 자신이 있었다. 체력관리도 비교적 잘했다. 체력이 달려서 일하는 데 지장이 있었던 적은 별로 없었다. 고혈압, 당뇨, 고지혈증 등 성인병도 없었다. 체중도 40년 이상 큰 변동 없이 일정하게 잘 유지하였다. 20년 전 바지를 지금 입어도 허리둘레를 줄이거나 늘릴 필요가 없을 정도로 몸을 관리했다.

정신적으로도 강하다고 자부했다. 겉으로는 부드럽고 내면적으로 강한 외유내강형이라는 평도 받았다. 해병대 출신이라 깡도 있다고 철없이 뽐내기도 했다. 나는 힘들어서 울어본 적은 없다. 하지만 감동을 조금만 받으면 하염없이 눈물을 흘린다. TV를 보다가 훌쩍거리는 것이 다반사다. 가족끼리 모여서 대화를 하는 중에도 감동적인 이야기가 나오면 손자가 "할아버지 또 울어?" 하면서 휴지를 갖다줄 정도다. 나는 신앙은 없지만, 난관에 부딪혀도 강인한 정신력을 발휘해서 슬기롭게 잘 대처해왔다고 건방을 떨었다.

딸이 죽었는데도 가장의 책임감 때문에 슬픔을 크게 내색할 수도 없었고, 약한 모습을 보이면 가족이 더 힘들 것 같아 속으로 울면서 겉으론 태연한 척했다. 그러나 딸의 죽음 앞에는 장사(壯士)가 없었다. 정신적으로 심리적으로 무너지지 않을 수 없었다. 공황장애를 피할 수 없었다. 자식을 앞세운 부모가 우울증에 걸릴 확률은 일반인보다 60% 이상 높다고 한다. 중앙심리부검센터가 발간한 「2018년 심리부검면담 결과 보고서」에 따르면 나 같은 처지의 유가족 중 81%가 우울 상태를 겪고 있는 것으로 조사되었다고 한다. 극단적인 선택을 생각한 유가족도 78%나 된다고 한다. 2018년 삼성서울병원의 조사에서 자식을 앞세운 유가족은 일반인보다 우울감에 빠질 확률이 18.3배나 더 높다고 했다. 자식의 죽음은 스트레스 지수가 가장 높기 때문일 것이다.

내가 공황장애를 앓아보니 환자들이 얼마나 힘들까 이해할 수 있게 되었다. "물이 차가운지 따뜻한지는 그 물을 마셔본 사람만 알 수 있다", "길을 가봐야 길을 알고, 산을 올라가봐야 험한 줄 안다"는 말이 있다. 내가 직접 겪어보고 나서 우울증이 정말 무서운 정신질환이라는 사실을 알았다. 세라 요게브는 "우울한 사람은 비판에 민감하고 동시에 부정적이고 소극적이며 자책하는 경향이 있다"라고 했다. 우울증은 환자의 희망을 앗아가기 때문에 무서운 병이다.

쇼펜하우어는 『행복론과 인생론』에서 "모든 자산 중에서 가장 직접적으로 우리를 행복하게 해주는 것은 명랑한 마음이며, 명랑함이 행복의 진짜 주화"라고 했다. 그리고 "명랑한 기분은 건강에 크게 좌우된다"라고 했다. 이제야 우울증으로 명랑한 기분을 느끼지 못하고 힘들어하는 주위 사람들, 특히 딸이 혼자서 얼마나 고통스러웠을까 알게 되었다. 나는 우울증으로 행복의 주화를 잃어버리고 불행의 늪에 빠졌던 딸과 고통을 분담하지도, 역지사지 자세로 공감하지도 못했다. 수수방관했던 자신이 부끄럽다. 사람은 결국 경험을 통해서 배우게 된다. 자신이 아파봐야 같은 병을 앓고 있는 남의 고통을 불쌍히 여기게 된다는 동병상련(同病相憐)의 의미를 깨닫게 되었다. 딸의 아픔을 공감하고 고통을 분담하지 못한 죗값을 달게 받고 있다. 딸과 유사한 고통을 체험하면서 참회와 속죄의 기회가 되었다.

04
실패한 아빠의 민낯

나는 어떤 아빠였을까

아빠의 유형은 좋은 아빠와 나쁜 아빠, 사랑받는 아빠와 미움받는 아빠, 훌륭한 아빠와 형편없는 아빠, 존경받는 아빠와 무시당하는 아빠, 능력 있는 아빠와 무능한 아빠, 꼭 필요한 아빠와 있으나 마나 한 아빠 등등으로 다양하게 분류할 수 있을 것이다.

부모와 자식 간 애착(attachment) 관계는 네 가지 유형으로 분류한다. ① 부모가 자식의 욕구에 즉각적으로 반응하면서 원만한 관계를 유지하는 안정형 애착, ② 부모가 자기중심적이고 강제적이며 과도한 자극을 주고 자녀의 요구나 반응에 둔감하며 귀찮게 여기고 부정적인 감정을 표현하는 회피형 애착, ③ 부모가 지나친 감정을 표시하며 자녀에게 집착하고 일관성 없는 언행을 보여 양가감정(兩價感情)을 갖게 하는 불안정한 저항 애착, ④ 자녀에게 충분한 사랑을 주지 못하거나 오히려 공격적으로 대하는 혼란형 애착 등으로 분류한다.

좋은 아빠가 되는 교육방법에 관하여 다양한 견해가 있다. 예컨대 조건 없는 사랑, 의견 존중, 모범적 행동, 개방적 태도, 일관성 있는 언행, 칭찬과 격려, 대화와 소통, 자립심 앙양, 협동심 배양, 약속 이행, 자녀 앞 부부싸움 금지, 인격적인 대우, 과보호 탈피, 공동 경험을 늘려 대화 소재 축적, 감사 교육, 애정표현, 돈보다 마음 주기, 가족 가치 존중 등등 다양하다.

전형기는 『좋은 아빠 되는 길』에서 "세계에서 자식 농사 잘 짓는 유대인 아빠들은 자녀를 신의 선물로 보며, 그 선물을 갈고닦아 가정과 민족을 최고로 만든다"라고 하면서 "소통, 모범, 책임" 등 세 가지 철학을 강조하였다.

『좋은 아버지로 산다는 것』의 저자 김성은은 "과거의 아버지는 권위적이고 경제 부양에 비중을 두었다"라고 밝히면서 "자녀와 친밀하고 자녀 양육에 적극적으로 참여하는 친구 같은 아버지"가 되라고 강조한다. 친구 같은 아빠인 프렌디(Friend+Daddy)라는 말도 있다. 그러면서 "아이와 함께하며 아이의 삶 속에 있는 아버지, 아이와 안정적인 애착을 형성하는 아버지, 아이의 행동을 잘 통제하는 아버지, 아이의 자아존중감을 높여주는 아버지, 아이와 정서소통을 잘하는 아버지, 역경을 헤쳐나가도록 키우는 아버지" 등을 제시하였다.

나는 어떤 유형의 아빠였을까? 딸과 어떤 애착 관계를 유지했을까? 좋은 아빠가 되기 위한 다양한 교육방법을 얼마나 많이 실행에 옮겼을까? 나는 주어진 여건 속에서 좋은 아빠가 되려고 노력했지만, 딸이 생전에 나를 어떤 아빠로 인식했을까 자문해본다. 버스가 이미 다 지나갔고 다음 버스는 영영 오지 않을 상황에서 부질없는 생각인 줄 알면서 너무 안타까운 마음에서 한번 되돌아보는 것이다.

딸이 죽기 2주 전쯤 배짱이 맞는 직장 상사였던 JJ와 하루 저녁 함께 지내면서 밤새워 이런저런 이야기를 나눌 기회가 있었다고 한다. 그녀의 아버지는 대학교수로서 나와 30년 넘게 가깝게 지냈던 분이다. 그 덕분에 그녀가 중학교 다닐 때부터 알았는데, 공교롭게 딸의 직장에 스카우트되어 상사가 되었던 것이다. JJ는 딸의 장례식이 끝난 후 나를 위로하면서 YJ가 "아빠를 이 세상에서 가장 존경한다", "아빠가 정말 자랑스럽다", "아빠에게 늘 고마운 마음을 갖고 있다"는 등의 이야기를 했다고 전해주었다.

HJ는 "YJ는 아버지를 최고로 존경하는 아이였고, 무슨 일이 있으면 나이 먹고도 아빠 찾았잖아요~… 우리 아빠 너무 귀엽지 않냐고… 제일 자주 했던 말이었어요"라고 말했다. 또 HJ 꿈에 YJ가 자주 나타난다고 하면서 "아빠한테 너무 미안하다 했어요… 아버지! 아버지 잘못이 아니에요~ 꿈속에 나타난 YJ는 항상 밝은 모습이었구요… 지금 고통 없이 평온해요"라고 했다. HN도 "특히 공부 얘기할 때는 아버지 얘기를 많이 하며 무한한 존경심과 가족에 대한 깊은 사랑을 보고 언니에게 인생을 많이 배운 거 같아요"라고 회상했다.

앞에 소개한 유학생 때 딸이 보낸 편지에도 "아빠는 항상 내가 존경하는 사람이다", "세상에서 내가 제일 믿고 의지할 수 있는 사람이 우리 아빠다", "아빠가 정신적 지주다", "아빠 없이 살 수 없다"는 등등의 내용도 있다. 딸이 평소 나를 많이 따랐다. 우리 아빠 최고라는 말도 자주 했던 것은 사실이다.

내가 딸과 불안정한 저항형 애착 관계였던 시기는 두 번쯤 되는 것 같다. 딸이 사춘기였던 중학교 2~3학년 시절과 내가 안식년을 맞이하여 미국에 데리고 간 고등학교 1학년 때를 들 수 있다. 중학교 시절 말썽을 피우고 말을 듣지 않아 잔소리를 많이 하고 꾸짖고 일관성 없이 감정적으로 대한 적이 있다. 앞서 소개한 딸의 대자보와 내가 보낸 반박 글을 보면 부녀간에 얼마나 불편한 사이였는지를 쉽게 짐작할 수 있을 것이다.

그리고 딸을 미국으로 데리고 간 처음 몇 달간은 생활 및 학교환경이 급변하여 적응하는 데 어려움이 많아 짜증을 많이 부렸다. 또한, 단둘이 지내다 보니 딸의 생활 태도에 대하여 몰랐던 부분을 너무 많이 알게 되었다. 내가 자식에게 기대하던 행동과는 너무 달라 도저히 이해할 수 없었다. 너무 못마땅해서 시시콜콜 간섭하면서 잔소리를 하지 않을 수 없었다. 그렇지만 몇 달 지나니 딸도 내 뜻에 잘 따라주었고 나 또한 딸의 생활습관이나 성격 등을 파악한 후 서로 이해할 수 있었다.

두 번의 불안정한 애착 관계를 제외하고 나는 딸에게 최대한 자율성을 부여했고 부녀간 커다란 갈등 없이 원만하고 매우 좋은 관계를 유지한 안정형 애착 관계였다고 평가한다. 딸이 생전에 나를 어떤 아빠로 생각했든, 내가 어떤 유형의 아빠였든, 나와 어떤 애착 관계를 유지했든 결과적으로 나는 부족한 것이 많았던 아빠라고 자책하지 않을 수 없다. 자식을 앞세운 것은 부모의 책임이 너무 크기 때문이다. 너무 슬프고 미안해서 딸의 친구나 지인들이 아빠에 대하여 긍정적인 어떤 말을 전해주든, 딸의 편지가 설사 진심이든 관계없이 나는 위안을 받을 수 없다. 생전에 아무리 잘해주었다 하더라도 자식을 먼저 떠나보내면 회한에 빠지지 않을 수 없게 된다. 남는 것은 오로지 아쉬움과 후회뿐이다. 부모의 자식에 대한 사랑은 무한대라서 더욱 그렇다. 부모의 자식 사랑은 조건도 계산도 없는 일방적이고 지고지순하며, 무엇을 주더라도 전혀 아깝지 않은 것이 부모의 마음이기 때문이다.

자식을 잃는 것은 부모와 자식 관계에서 예상할 수 있는 다양한 시나리오 중 최악이다. 자식이 죽는 것보다 더 슬프고 불행한 일은 이 세상에 없기 때문이다. 자식이 성인이 되었을지라도 결국 최종적인 책임은 부모에게 귀착될 수밖에 없다. 자식에 대한 평생 애프터서비스(after service)는 전적으로 부모의 몫이라고 생각한다. 나는 사랑하는 자식을 끝까지 지키지 못했다. 나는 자식 농사를 제대로 짓지 못했다. 나에게는 이와 같은 잘못을 만회할 기회가 영영 오지 않을 것이다. 천추(千秋)의 한이 아닐 수 없다. 평생 가슴을 치면서 살아가야 할 기구한 운명을 자초했다. 내가 눈물을 흘리고 고통의 죗값을 치르는 것은 너무 당연한 자업자득이다. 아무리 용서를 빌고 또 빌어도 끝도 소용도 없다. 자식을 떠나보내고 아쉬움과 후회와 분노가 끝없이 반복된다. 원통하기 짝이 없다. 이 슬픔과 고통을 어떻게 말로 다 표현할 수 있겠는가.

자식 농사의 성공 여부는 어떻게 교육하느냐에 좌우된다. 학교 교육 못지않게 가정교육의 중요성을 아무리 강조해도 지나침이 없을 것이다. 가정은 사회화의 중요한 기구로 자녀의 자아와 성격 형성 등에 많은 영향을 미친다. 결혼할 때 먼저 상대방의 집안을 보라고 한다. 이는 그 집안에 돈이 많고 적은지 권세가 있고 없는지를 따져보라는 의미가 아니다. 그 대신 자녀의 사회화에 많은 영향을 미치는 집안의 분위기, 가풍, 부모의 인격, 부모와 자식 간의 애착 관계 등을 살펴보라는 뜻이다. 나는 좋은 아빠가 되는 다양한 교육방법을 되돌아보면서 반성할 부분이 한두 가지가 아니라는 사실을 깨달았다. 또한, 직장 일이 바쁘다는 핑계로 자식 교육에 많은 관심을 기울이지도 못했다. 결과적으로 나는 자식 교육에 성공하지 못했다고 자인하지 않을 수 없다. 좋은 아빠의 역할 수행이 몹시 미흡했다.

내가 원하는
일을 권했다

　　리처드 라이더(Richard J. Leider)와 데이비드 샤피로(David A. Shapiro)는 『인생의 절반쯤 왔을 때 깨닫게 되는 것들(Who Do You Want to be When You Grow Old?: The Path of Purposeful Aging)』에서 바람직한 삶은 "자신이 속해있는 곳에서(place), 사랑하는 사람들과 함께 살면서(love), 삶의 목적을 갖고(purpose), 자기 일을 하는 것(work)"이라고 했다. 자기 일을 하려면 직업이 있어야 한다. 나의 직업관이 딸에게 어떻게 투영되었는지 되돌아보고자 한다.

　나는 유교 전통의 영향을 받아 내가 못 이룬 꿈을 자식을 통해서 성취하려는 기대가 있었다. 유교는 내세관이 없어 영원히 살 수 없는 인간의 한계를 자식을 통하여 해결하려고 한다. 자식이 후세에 이름을 떨쳐 부모를 영광스럽게 하는 입신양명(立身揚名)을 주요 가치로 삼는다. 많은 부모는 자기가 생전에 하지 못한 일을 자식을 통해서 이루려는 욕심 때문에 자식의 의사와 무관하게 부모의 희망을 강요하는 측면이 있다. 부모가 자식의 진로를 정해놓고 자식을 그

방향으로 끌고 가려고 한다. 유대인 부모는 자식이 좋아하고, 원하고, 좋아하는 일을 적극적으로 지원해준다고 하는데, 나는 유교적인 직업관에서 벗어나지 못했다.

또한, 나는 사농공상(士農工商)의 전근대적인 고리타분한 직업관에 젖어있었다. 우리나라 부모의 대부분은 삶의 최고 가치를 권력, 지위, 부, 명예 등에 두는 경향이 있다. 나도 그중 하나였다. 많은 부모는 자기 자식이 힘이 세고, 자리가 높고, 돈도 많이 벌고, 이름을 떨치는 유명한 사람이 되길 바란다. 나는 권력, 높은 지위, 부, 명예 등을 획득한 사람을 성공과 출세의 대명사라고 인식하면서 그들을 몹시 부러워했다. 특히 남들이 존경하는 명예를 삶의 최고 가치라고 생각했다. 명예만 있으면 모든 것이 저절로 해결될 수 있을 거라 믿었다. 명예를 마치 요술 방망이처럼 인식했다.

그리고 남이 경외하는 직업을 갖는 것을 가장 바람직스러운 일이라고 생각했다. 남들이 인정하고 부러워하는 직장을 갖는 것이 가장 행복한 일이라고 여겼다. 아인슈타인(Albert Einstein)과 같은 유명한 과학자도 "나는 행복하다. 남에게 아무것도 바라지 않아서이다. 나는 칭찬을 갈구하지 않는다"라고 하면서도 "내게 기쁨을 주는 것은 동료연구자들의 인정"이라고 했다. 스웨덴의 세계적인 가구회사 이케아(IKEA)의 최고 경영자였던 안데르스 달비그(Anders Dalvig)는 "인정은 인간의 가장 중요한 동력"이라고 말했다.

나는 남에게 인정받고 싶은 욕망이 강했다. 남들이 알아주는 직업에 종사하는 것은 살맛 나는 일이며 성공한 삶의 가장 중요한 조건이라고 생각했다. 남들이 우러러본다는 것은 정말 뿌듯하고 자랑스러운 일이라고 믿었다. 나는 선거자금도 충분하게 마련하지 않은 채 충북 교육감 선거에 출마한 적이 있었다. 문제는 출마 동기가 솔직히 남에게 인정받고 싶은 욕망에 있었다는 것이다.

나의 직업관이 부지불식간에 자식들에게 영향을 끼친 것을 부인할 수 없다. 나는 우리나라 부모들의 전형적인 모습을 크게 벗어나지 못했다. 평소에는 자식을 최대한 자율적으로 키우려고 했다. 둘째 딸도 이 점은 인정했다. 취업 지원서의 자소서에 가정환경 등의 성장 과정을 기술하는 부분이 있는데, "부모님의 교육관은 엄격하기보다는 자율을 강조하셨으며, 항상 저를 믿고 신뢰로 가르쳤다"라고 썼다. 어려서부터 자기 일은 자기가 결정하고 결과에 책임을 지라고 강조했다. 그런데 유독 진로문제는 그러지 않았다. 내가 어린 자식들보다 사회경험이 많다는 생각과 자식에 대한 기대 때문에 딸들이 희망하는 진로보다는 내가 원하는 방향으로 이끌려고 했다. 자식의 꿈이나 희망과는 달리 내가 바라는 직업을 선택하라고 권했다.

큰딸이 항공기 조종사가 되겠다고 했을 때 나를 비롯하여 온 가족이 극구 말렸다. 아내는 며칠씩 식음을 전폐하면서까지 반대했다. 급기야 큰딸은 대학진학을 포기하겠다고 선언하여 결국 손을 들고 말았다. 나는 큰딸이 아나운서나 대학교수가 되길 바랐다. 둘째 딸도 미국 유학이 싫다는 것을 억지로 보냈다. 중학교 때 장래 희망이 카페 주인이라는 말을 듣고 너무 황당했다. 무슨 말도 안 되는 소리를 하느냐고 나무랐다. 대학에서 호텔경영학을 전공으로 선택하겠다는 것도 말렸다. 여자가 무슨 호텔경영학이냐고 극구 반대했다. 나는 큰딸에게 원했던 앵커를 대신 작은딸이라도 했으면 좋겠다는 생각에서 「언론정보와 문화」 전공을 선택하도록 권했다.

 둘째 딸은 어려서부터 변화 지향적이고 도전적이며 독립적이고 창의적인 일을 원했지만, 내 생각은 달랐다. 둘째 딸은 미국 정착을 싫어했지만 나는 은근히 바랐다. 두 딸 중 하나라도 미국에 영주했으면 좋겠다고 생각했다. 딸이 직장을 옮길 때 상의하면 처우가 다른 곳보다 시원찮고, 근무환경이나 직장문화가 너무 빡빡하고 경직돼있어도 그 회사의 대외적인 명성을 가장 중요한 고려요인으로 삼았다. 남들에게 우리 딸이 이런 곳에 다닌다고 과시하고 싶은 욕심이 무의식중 작용했기 때문이다.

 하지만 둘째 딸의 생각은 나와 달랐다. 연봉이나 회사 규모가 작더라도 자신이 인정받고 자기가 하고 싶은 일을 하면서 성취감을 얻는 것이 무엇보다 중요하다고 생각했다. 그리고 워라밸(work-life balance)도 고려요인이라고 말했다. HN이 직장과 진로문제로 고민할 때 딸은 '남들 신경 쓰지 말고 하고 싶은 거 다 하며 살라'고 조언했다고 한다. 앞에 소개한 딸의 대자보에서 보여준 바와 같이 중학교 때 이미 '자기 진로는 자기가 만들어간다. 작지만 자기가 좋아하는 일을 하는 것이 좋다'라는 생각을 하고 있었다. 나는 딸이 어릴 적에 딸의 의사와 무관하게 내가 원하는 길을 무리하게 요구했다. 하지만 둘째 딸은 출세나 공명보다 자신이 좋아하고, 하고 싶은 일에 몰두하면서 살려고 했다. 어린 딸의 생각이 나보다 훨씬 앞서있었다.

내 생각이 그릇되었다는 사실을 뒤늦게 깨달았다. 퇴직하고 얼마 안 되어 삶에 무료함을 느끼면서, 그리고 지난 일들이 모두 부질없고, 사는 것이 별것 아니라는 생각이 들면서 바뀌었다. 권력과 돈과 명예가 삶의 최고 가치도 또한 인생의 전부가 아니라는 사실을 퇴직 후 알았다. 『쇼펜하우어 평전』에서 "화려한 명성, 관직, 체면, 작위, 명예를 얻으려고 여유시간과 독립성의 전부 혹은 대부분을 포기하는 행태는 어리석은 짓"이라고 했다. 지나고 보니 세상은 그것만 있는 것이 아니었다. 정말 어리석은 생각이었다. 엎친 데 덮친 격으로 딸이 죽고 인생관이 변하면서 종래 나의 인식이 잘못되었다는 사실을 확실하게 깨달았다. 둘째 딸이 어릴 적부터 생각한 직업관이 맞았다고 인정하기에 이르렀다. 자기가 좋아하는 일에 몰두하면서 긍지를 갖고 사는 것이 진정한 행복이라는 사실을 오랜 시간이 흐른 뒤 알게 되었다.

지금은 가장 이상적인 직장은 자기가 좋아하는 일을 할 수 있는 곳이어야 한다는 생각이다. 자신이 하고 싶은 일을 하는 것이 최고라고 생각한다. 자기가 좋아하고 하고 싶은 일을 하면서 그 분야에서 최고의 성취를 이루고 만족과 보람을 느끼는 것이 진정으로 성공한 삶이라는 사실을 알았다. 이제는 손자에게 이런 점을 강조하려고 한다.

직장은 개인의 사회적 성취와 보람의 장이며, 살림살이에 필요한 재화와 용역을 획득하는 수입원이 된다. 직장을 고를 때 처우나 복지혜택, 사회적 평판과 신뢰성, 직업의 안정성과 장래성 등을 따져야 하지만 가장 중요한 고려요인은 자신이 좋아하는 일을 할 수 있느냐에 있다. 그래야 맡은 일에 즐거움과 흥미를 느끼고 싫증도 내지 않으면서 몰두할 수 있기 때문이다. 더불어 창의력을 발휘할 수 있을 것이다.

 자기가 좋아하는 공부 하고, 하고 싶은 일을 할 수 있는 직장에서, 사랑하는 사람을 만나서 가정을 꾸리고, 건강하게 그리고 즐겁게 사는 것이 진짜 행복한 삶이라고 생각한다. 직장에서 맡은 일에 최선을 다하여 최고의 실력자가 되고, 주위 사람들과 화합하고 상부상조하면서 그냥 그렇게 사는 것이 행복한 삶 아니겠는가? 범부(凡夫)의 생활 속에서 하루하루 즐겁게 사는 것이 진정한 행복이 아니겠는가? 쇼펜하우어는 『행복론과 인생론』에서 "행복하게 산다는 말은 덜 불행하게, 즉 그럭저럭 견디며 산다는 의미일 뿐"이라고 했다. 쇼펜하우어의 말에 공감하면서 내가 그전에 삶의 중요한 가치라고 생각했던 권력이나 명예는 모두 부질없다는 사실을 깨달았다.

 권력과 지위와 부와 명예의 노예가 되는 삶은 바람직스럽지 못한 것 같다. 출세를 위해서 인생의 모든 것을 거는 것은 어리석은 짓이라고 생각하게 되었다. 권력이나 지위 그리고 부와 명예도 지나고 보면 뜬구름처럼 허망한 것이 아니겠는가? 야고보서에 "부귀영화는 들꽃처럼 덧없는 것이니 거기에 기대지 마십시오"라고 했다.

 나는 내 기준, 내 기대, 내 시선에서 자식을 바라봤고, 내가 원하는 그 무엇을 자식이 하길 바랐다. 하지만 잘못된 생각이었다. 내가 원하는 일을 딸에게 권했던 사실을 반성한다. 딸이 평범한 보통사람으로서 보람과 성취감을 만끽하면서 행복하게 살라고 적극적으로 안내하지 못한 것이 너무 안타깝다. 출세나 특별한 인물이 되는 꿈을 꾸기보다 소시민으로서 소소한 행복을 누리면서 재미나게 살아가도록 권장했어야 했다.

 딸이 하고 싶은 일, 좋아하는 일, 자신 있는 일, 흥미와 재미를 느끼는 일에 창의력을 발휘하면서 자율적으로 열심히 일할 수 있도록 적극적으로 도와주지 못한 것이 너무 안타깝다. 딸이 죽은 뒤 집을 팔아서라도 카페를 차려주지 못한 것을 후회하였다.

남의 자녀와 비교했다

누가 묻지도 않았는데 자기 자식이 명문대학에 들어갔다, 외국 유명대학에서 박사학위를 받았다, 전문직에 종사한다, 세계적 명성이 있는 글로벌 회사에 취직했다, 연봉이 자기보다 훨씬 더 많다는 등 자식 자랑을 하는 사람이 주위에 많다. 입시가 끝나면 자녀를 명문대학에 입학시킨 부모는 남에게 자랑은 하고 싶은데 먼저 말을 꺼내기가 쑥스러워서 누가 먼저 물어봐줬으면 하고 은근히 기대하는 사람도 있다. 솔직히 자식 자랑을 하는 사람이 부러웠다. 그런 이야길 조심스럽게 두 딸에게 전하면 달가워하지 않았다. 특히 둘째 딸은 남과 비교하는 것을 제일 싫어했다. "아빠, 저 들어보라고 하시는 말씀이에요?", "아빠 많이 부럽구나!" 하면서 기분이 언짢은 표정을 지었다.

자식을 둔 부모라면 누구나 자기 자식이 남들처럼 훌륭한 인물이 되길 바란다. 주위에서 자식 자랑을 하면 '내 자식은 왜 저렇게 못하지?'라고 의아해하는 것이 대다수 부모의 자연스러운 모습이다. 내 자식도 그들 못지않게 성공하길 바라는 것은 많은 부모의 한결같은 소망이다. 모든 부모가 자식 잘되기를 바라는 것은 인지상정이다. 하지만 자식 교육에서 가장 중요한 것은 남과 비교하지 않는 것이다. 초중고생이 가장 싫어하는 선생님 유형은 다른 학생과 비교하는 것이라는 조사도 있다. 인생사 모두 남과 비교하는 데서 불행과 상대적 박탈감이 싹튼다.

  데이비드 리스먼(David Riesman)은 『고독한 군중(The Lonely Crowd)』에서 "현대사회는 타인지향형 인간형"이 많다고 했다. 이솝우화 '여우와 신 포도 이야기'를 독일의 작가 에리히 캐스트너(Erich Kästner)가 현대판으로 재구성한 내용을 보면, 배고픈 여우가 포도밭에 들어가 탐스럽게 열려있는 포도송이를 향해 뛰었다. 마침내 여우는 포도를 따는 데 성공했고, 지켜보던 많은 동물들은 손뼉을 치고 환호를 보냈다. 그런데 여우가 포도를 먹어보니 심하게 신맛이었다. 그런데 여우는 포도가 시다고 불평한 것이 아니라 "정말 이렇게 달고 맛있는 포도가 있다니! 오, 정말 달고 맛있구나"라고 감탄하면서 시어서 먹기 힘든 포도를 계속 따 먹었다. 그리고 위궤양에 걸려 죽었다. 이는 커피를 마실 때 맛있는 커피를 고르기보다 커피 잔에 더 많은 신경을 쓰는 것과 같이 본질을 외면하고 겉과 형식을 지나치게 중시하는 것이다.

  인간은 사회적 동물이기 때문에 나 홀로 세상을 살아갈 수 없다. 인간은 상호의존적인 존재다. 천상천하 유아독존이란 불가능하다. 남과 더불어 살아야 한다. 사사로운 이익보다는 공동체의 번영을 위해서 자신이 양보하고 희생하며 봉사해야 할 때도 많다. 공화, 공존,

공영, 공생의 가치를 중시해야 한다. 사람은 누구나 남에게 인정받고 싶은 욕망이 있지만 그렇다고 나 자신만 내세워서는 안 된다.

인간은 남과 더불어 살아가는 존재이기 때문에 남을 전혀 의식하지 않을 수 없다. 누구나 남에게 잘 보이고 좋은 평가를 받으려고 노력한다. 하지만 내 삶의 주인은 나라고 생각하면서 살아야 한다. 남들이 나를 어떻게 생각할 것인가의 노예가 된다면 진정한 자아를 잃어버리게 된다. 쇼펜하우어는 『행복론과 인생론』에서 "우리는 타인의 눈에 비친 자신의 존재를 지나치게 의식하는 경향이 있다.… 자신이 자랑스러워하는 분야에서 칭찬을 받으면 그것이 비록 입에 발린 거짓말이라 해도 얼굴이 밝아진다.… 하지만 자신의 가치 기준을 타인에게서 구하지 말고 자신에게서 가져와야 한다. 자신의 행복을 타인의 눈에 비친 자신의 모습에서 찾는 자는 진정한 행복을 얻기 어렵다.… 타인의 눈에 어떻게 비치느냐에 따라 어떤 사람의 가치와 무가치가 결정된다면 비참한 삶이라고 할 수 있다.… 일반적으로 인간은 자신에 대한 타인의 평가에 대단히 지나치고 불합리한 가치를 두고 있다"라고 했다.

니체는 『차라투스트라는 이렇게 말했다』에서 "타인이 어떻게 생각하고 있는지 연연해하지 말라. 자신에 대한 평판 따위에 신경 쓰지 마라.… 자신에 대한 남의 평판에만 지나치게 신경을 써서 남들이 하는 이야기에 귀를 쫑긋 세우는 것은 좋지 않다.… 인간은 항상 옳은 평가를 받는 것이 아니다"라고 했다. 또한 "그대들이 칭찬과 비난에 초연하고, 그대들의 의지가 사랑하는 자의 의지로서 만물에 명령을 내리려고 할 때, 거기에 그대들의 덕의 근원이 있다"고 하였다.
 키에르케고르(Søren Kierkegaard)는 "개인의 행복을 외부에서 구할 수 있다는 생각은 미신"이라고 했다. 미국에서 가장 존경받는 인문학적 리더십 전문가인 워렌 베니스(Warren Bennis)는 "너 자신이 되어라"라는 비전을 제시했다. 밥 딜런(Bob Dylan)은 "너 자신이 아닌 다른 누군가가 되려고 하면 실패할 것이다"라고 했다. 리처드 라이더와 데이비드 샤피로는 "남에게 보여주기 위한 삶, 가면적인 삶, 허위의식에 사로잡힌 삶 대신 남의 삶이 아닌 내 것으로 만들고, 내 인생의 주인 노릇을 하라"라고 강조했다.
 구구절절 공감할 수 있는 말이다. 나 자신이 되라는 것, 내가 내 삶의 주인이 되라는 것, 내 가치관을 중시하라는 것, 남의 눈치를 지나치게 살피지 말라는 것, 남이 나를 어떻게 평가하느냐에 목을 매지 말라는 것, 남과 비교하지 말라는 것, 내 주관대로 살라는 것, 자신에 대한 타인의 평판에 너무 과민하게 반응하지 말라는 것 등등 귀담아들어야 할 금언(金言)이다. 우리는 남을 지나치게 의식하며 행동하는 경우가 많다. 그래서 내 삶을 남의 시각에 초점을 맞추지 말고 내가 내 삶의 중심과 주인이 되라는 것이다.
 나는 어떤 행동을 할 때 그 준거가 내 주관이 아닌 남의 생각과 판단에 맞춰 살아온 것이 사실이다. 내 선택에 대하여 남이 어떻게 생각하고, 또 어떤 평가를 할 것인지에 민감하게 반응했다. 남을 더 많이 의식하고 남의 눈치에 더 많은 신경을 쓰면서 처신했다. 인간은 누구나 자기 현시욕이 있어 자기를 과시하려고 한다. 나도 예외가 아니었다. 남으로부터 인정받고, 주목받고, 존중받고 싶은 욕심 때문에 나의 주관과 정체성을 잃고 남의 평가에 지나치게 신경을 곤두세우면서 살았다. 내 자리에 남을 세우고 남에게 놀아난 삶을 산 것이다. 마찬가지로 내 자식을 남의 자식과 끊임없이 비교했다고 고백하지 않을 수 없다. 특히 내가 겪은 학력 콤플렉스를 자식들은 벗어났으면 하는 기대를 갖고 있었다. 명문대학을 나오지 못했다는 자격지심 때문에 열등의식이 있었다. 동료 자녀들이 일류대학에 입학했다는 소리를 들으면 무척 부러웠다. 나의 학력 콤플렉스를 두 딸이 풀어주길 은근히 바랐다.

'너 자신이 되어라'라는 말은 공동체 생활을 하면서 오직 내 입장만 앞세우고 내 주장과 논리가 '진선진미'라고 고집하지 말라는 것이다. 위계질서를 무시하고 독불장군이 되라는 것도 아니다. 너 자신이 되라는 진정한 뜻은 살아가면서 남의 눈치를 지나치게 살피거나 그들이 나를 어떻게 생각하고 평가할 것인지 타인지향의 부담으로부터 해방되라는 것이다. 가치판단 기준을 남의 잣대가 아닌 자신에게 두라는 것이다. 타인 중심의 삶에서 벗어나 '내 삶의 주인은 나'라는 의식을 갖고 살라는 것이다.

세네카(Lucius Annaeus Seneca)는 "우리는 자신의 것을 남의 것과 비교하지 말고 즐기도록 하자. 다른 사람이 행복하다고 괴로워하는 자는 결코 행복하지 못할 것이다. 많은 사람이 너보다 앞서 있다고 생각하지 말고 많은 사람이 너보다 뒤처져있다고 생각하라"라는 말을 했다. 내 삶의 기준을 남과 비교하거나, 남에게 맞추거나,

남의 눈치에 과민반응을 보이거나, 체면치레를 앞세우기보다는 '내가 나의 주인'이라는 사실을 중시하면서 살라는 것이다. 내가 나의 주인이 되지 않고 남의 눈치나 살피면서 타인 중심의 삶을 사는 것은 헛된 인생이 될 수 있다. 확고한 주관도 없이 바람 부는 대로 시류에 편승하여 오락가락하는 삶은 보람과 의미가 없다.

자식의 장래도 마찬가지다. 자식 삶의 주인은 자식 자신이다. 남의 자식과 비교하고 남의 자식을 부러워하면서 내 자식을 남의 자식 반열에 올려놓으려는 욕심은 금물이다. 자식의 삶은 자식이 주인인데, 부모가 자식 삶의 주인 노릇을 하려고 하면 자식을 잘못된 길로 안내할 수 있다. 자식이 원하는 삶을 살도록 지원하지 못할망정 내가 원하는 삶을 자식에게 강요하는 것은 자식을 진정으로 위하고 사랑하는 방법이 아니다.

특히, 내 자식의 능력과 소질과 희망을 고려하지 않고 무조건 남의 자식을 따라가게 하려고 무리수를 둔다면 부모가 자식의 불행을 조장하는 결과를 낳을 수 있다. 내 자식을 남들과 비교하는 것은 금물이다. 남의 자식이 아무리 잘나가고 아무리 부러워도 내 자식의 삶과는 전혀 상관없는 일이다. 내 자식이 원하는 내 자식만의 삶을 스스로 개척할 수 있도록 성원하고 도와주는 것이 현명한 부모가 해야 할 일이다.

박탈감은 항상 남과 비교하는 데서 싹튼다. 김수현은 "타인의 눈에 비친 우리의 모습이 전부가 아니듯, 우리의 눈에 비친 타인의 모습도 전부가 아니다.… 비교하지 않는 삶, 누구 '보란 듯이' 살지 않는 삶"을 강조하고 있다. 나는 부지불식간에 내 딸을 남의 자식과 비교하였다. 딸을 남이 '보란 듯이' 살게 하려고 과욕을 부렸던 우매함을 자책한다. 내 자식을 남의 자녀와 끊임없이 비교했던 잘못을 인정한다. 딸이 자기 삶의 주인이 되고 딸만의 고유한 삶을 살 수 있도록 힘을 보태주지 못하고 남의 자식과 끊임없이 비교한 잘못을 반성한다.

많은 사랑을
베풀지 못했다

부모에게 극진한 효도를 하려고 하나 이미 돌아가셔서 그 뜻을 이루지 못하여 후회하면서 슬퍼한다는 풍수지탄(風樹之歎)이란 말이 있다. 그런데 자식을 앞세운 부모가 자식에게 더 많은 사랑을 베풀 기회가 다시는 오지 않을 것을 원망하는 것은 부모 생전에 효도하지 못한 후회보다 더 크다고 하지 않을 수 없다. 내리사랑이라고 하지 않았던가? 부모는 자식 생전에 아무리 큰 사랑을 베풀고 모든 것은 흡족하게 해줬어도 먼저 떠나보내면 모든 것이 부족했다고 느낄 수밖에 없다. 하물며 자식 사랑이 턱없이 부족했다면 얼마나 한이 크겠는가?

부모의 자식에 대한 사랑은 무엇보다 관심과 배려에서 시작되어야 한다. 나는 딸을 위한 배려와 관심이 많이 부족했다. 딸이 성인이 되었다고, 딸이 똑똑하다고, 딸이 독립심이 강하다고, 딸을 지나치게 믿고, 네 일은 네가 알아서 하라는 식으로 방임한 측면이 있다. 자율성을 준다는 명분은 있었지만 자상한 아빠가 되지 못했다.

아빠가 늘 네 곁에서 너를 지켜보고 염려하고 성원하고 있다는 믿음을 주지 못한 것 같다. 누군가가 나에게 지대한 관심을 보인다면 얼마나 흐뭇한 일이 되겠는가? 부담스럽거나 귀찮게 굴지 않는 범위 내에서 딸의 마음을 헤아리고 딸의 입장을 배려하면서 원하는 것이 무엇인지 늘 관심을 기울이고 보살펴준다면 얼마나 든든하고 마음이 편하겠는가. 관심은 행동으로 보여주어야 한다. 아빠가 딸에게 신경을 많이 쓰고 성원하고 있다는 사실을 피부로 느낄 수 있도록 해야 하는데 나는 그런 부분이 너무 부족했다.

자식에 대한 부모의 사랑은 소통과 공감에서 시작되어야 한다. 공감은 진정한 대화와 소통을 통해서 이루어질 수 있다. 공감은 상대방의 입장이 돼 상대방의 마음을 상대방과 똑같이 느끼는 감정이다. 상대방을 이해하고 동감하는 것이 공감의 첫걸음이다. 부모와 자식 간에 눈에 보이지 않는 장벽이 있어 뭘 숨기려 하거나 한 자락 깔고 형식적인 대화가 이루어진다면 진정한 소통은 불가능하다. 서로 속마음을 드러내고 솔직하게 털어놓을 때 비로소 진솔한 소통이 이루어진다. 그래야 동감 영역을 발견하고 공감대가 형성될 수 있을 것이다.

나는 딸의 일상이나 직장업무와 관련하여 비교적 솔직한 대화를 나눴지만 정작 가장 중요한 건강문제는 소상한 정보를 공유하지 못했다. 딸의 건강상태가 심각하다는 것을 알아차리지 못한 것은 소통이 제대로 이루어지지 않았고, 또한 나의 관찰력이 부족했기 때문이라고 자성하지 않을 수 없다. 딸의 건강문제에 관하여 좀 더 세심하게 살펴보고 많은 대화와 소통이 이루어졌더라면 건강상태를 정확하게 파악하고 거기에 합당한 대책도 충분하게 마련했을 것이다. 딸의 질환에 대하여 허심탄회한 대화를 나눠보지 못한 것이 정말 원망스럽다. 딸의 건강문제를 너무 안이하게 판단하고 무관심했던 나의 태도가 마음을 더 아프게 한다. 좀 더 면밀하게 관찰하지 못한 것이 결과적으로 평생 딸을 가슴에 묻고 살아야 하는 슬픈 아빠가 된 것이다.

 자식에 대한 부모의 사랑은 정신적 후원 못지않게 경제적 지원도 중요하다. 그렇다고 자식 사랑을 돈으로만 표현하거나, 자식이 원하는 물질적인 요구를 무조건 다 들어줘서 부족함을 전혀 느끼지 못하게 하는 것은 바람직한 모습이 아니다. 근검, 절약, 내핍, 검소, 절제 등 경제교육의 필수적인 덕목을 함양하고, 돈의 가치를 올바르게 인식하는 데 부정적으로 작용할 수 있다. 돈이면 최고라는 황금만능주의를 조장할 우려도 있다. 돈으로 모든 것을 해결할 수 있다는 잘못된 인식을 심어준다면 자식의 장래에 별 도움이 되지 않을 것이다. 돈만으로 자식에 대한 사랑을 베푸는 것은 한계가 있다. 이 세상에 내 마음대로 안 되는 것도 많다는 사실을 자식에게 가르쳐야 한다.

 능력 있는 부자 아빠가 자식에 대한 책임과 의무를 다한 좋은 아빠나 성공한 아빠라고 볼 수는 없다. 돈이 많은 것이 훌륭한 아빠의 필요조건은 될 수 있지만, 자식의 행복을 보장하는 충분조건은 될 수 없다. 돈 많은 집안의 자식 농사 실패 사례가 의외로 많다. 적당한 수준의 물질적인 결핍을 느끼게 하여 돈에 대한 가치를 재인식시키고, 경제적 자립능력을 키워주는 것이 자식을 진정으로 아끼고 사랑하는 방법이라고 생각한다.

요즘은 개천에서 용이 나기 힘든 세상이 되었다. 고학으로 입지적 인물이 되는 것이 점점 더 어려워지고 있다. 심지어 부모와 조부모의 경제 능력이 자손의 장래와 상관관계가 높다고 한다. 치열한 경쟁 사회에서 부모의 재력이 자식의 장래를 결정하는 주요 변인으로 작용하고 있는 것이 현실이다. 부모가 자식을 충분하게 뒷바라지해 주지 못하면 좋은 스펙을 쌓는 데 장애 요인으로 작용하는 것이 사실이다.

나는 부자 아빠가 아니었다. 로버트 기요사키(Robert T. Kiyosaki)는 『부자 아빠 가난한 아빠(Rich Dad Poor Dad)』에서 "돈이 부족한 것은 모든 악의 근원이다"라는 지나친 말을 했다. 나는 대학교수로서 약간의 명예는 있었을지 모르지만, 재력이 넉넉한 아빠는 아니었다. 악의 근원이 될 정도로 그렇게 가난한 아빠는 아니었지만, 딸을 유학시키고 카페를 차려줄만한 경제적인 여유는 없었다. 딸에게 학비와 생활비를 넉넉하게 지원하지 못해 너무 쪼들린 가운데 유학생활을 마치게 했다. 이런 말을 하면 주위에서 딸을 미국 유학까지 보냈으면서 배부른 소릴 한다는 핀잔을 들을 줄 안다. 그렇지만 유학경비를 충분하게 지원해주지 못한 것이 내 마음을 아프게 한다.

또한, 딸은 이직할 때마다 위계질서가 엄격하고 자율성이 보장되지 않는 직장생활보다는 독자적으로 능력을 발휘할 수 있는 일을 하고 싶다는 의견을 여러 차례 피력했다. 자신이 몰두할 수 있는 일, 자신의 능력으로 개척할 수 있는 일, 죽이 되든 밥이 되든 자신이 전적으로 책임질 수 있는 일을 원했다. 그렇지만 나는 딸이 하고 싶은 일을 할 수 있는 경제적 여건을 전혀 마련해주지 못했다.

자식 사랑에는 어느 정도 물질적인 도움을 주는 것이 필요하다. 나는 그런 능력이 부족했다. 자식에 대한 사랑을 물질만으로 표현하는 것은 올바른 방법이 아니지만, 경제 능력이 모자라서 자식이 하고 싶은 공부나 원하는 일을 할 수 없게 하거나, 지나치게 결핍을 느낀 나머지 정신건강에 부정적인 영향을 미치게 된다면 능력 있는 아빠의 모습은 아니다. 딸이 유학 중 물질적으로 너무 힘들어 정신적 빈곤감에 빠진 것은 아니었는지, 하고 싶은 일을 할 수 있도록 도와주지 못한 아빠를 원망한 것은 아니었는지, 아빠로서 무능하고 무책임하지는 않았었는지 되돌아본다. 딸을 잃고 나니 오로지 남는 것은 후회뿐이다.

딸의 생전에 많은 사랑을 넉넉하게 베풀지 못한 아빠였다. 실패한 아빠의 민낯이다. 너무 안타까운 일이다. 더 많은 관심과 더 많은 배려, 더 진솔한 소통과 더 많은 공감, 더 많은 경제적 지원을 아끼지 않았던 더 좋은 아빠, 더 능력 있는 아빠, 더 존경받는 아빠가 되지 못했다. 부족한 것이 너무 많았던 무능한 아빠였다.

05
죽을 고비를 넘겨준 명제

있는 그대로
그냥 받아들이라

나는 사랑하는 가족과의 잇따른 사별로 견디기 힘든 슬픔과 고통에 시달리고 있다. 그럴 때마다 '왜 나에게 이런 일이 일어났느냐'라고 하늘을 원망하기도 했다. 하지만 누굴 탓하고 닥친 일을 부정한다고 해도 나의 처지는 조금도 변하는 것이 없었고 오히려 나를 더 힘들게 만들었다. 문득문득 딸 생각이 날 때는 미칠 것 같다. 죽은 딸에 대한 가엾은 마음 그리고 아빠의 역할을 다하지 못한 죄스러움 때문에 늘 가슴을 도려내는 슬픔과 고통이 뒤따른다. 실패한 아빠의 자책감을 견디기 정말 힘들다. 이런 처지에서 마음의 평화와 안정을 찾는 것은 보통 어려운 일이 아니다.

존 보울비와 콜린 파크스(John Bowlby and Colin Parkes)는 "애도 과정의 4단계(Four Phases of Grief)"를 제시하였다. 사랑하는 가족을 잃은 비통을 이겨내는 과정은 ① 충격과 무감각(Shock and Numbness), ② 동경과 그리움(Yearning and Searching), ③ 혼란과 절망(Disorganization and Despair), ④ 재건과 회복(Reorganization and Recovery) 등 네 단계를 거친다고 한다.

처음에는 죽음을 믿지 않게 되고 충격과 무감각 상태에 빠진다. 그 결과 이성적 판단력이나 정신력이 마비된다. 다음은 고인을 보고 싶어 하고 그리워한다. 고인에 대한 기억을 되살리고 추억을 회상하는 등 고인에 대해 생각한다. 그러나 고인이 이 세상에 존재하지 않고 영원히 자신의 곁을 떠났다는 것을 명확하게 인식하면 슬픔, 분노, 혼란, 불면, 식욕저하, 우울감, 죄책감, 불안감, 절망감, 의미상실감 등에 빠지게 된다. 그리고 마지막 단계는 사별의 충격을 딛고 일상으로 돌아온다는 것이다. 결국, 현실을 수용하고 마음을 추스르면서 새로운 희망과 꿈을 찾는 등 정상을 회복한다고 한다.

언론에 보도된「윤대현 교수의 스트레스 클리닉: 가족 잃은 슬픔을 이겨내는 법」에 의하면 사랑하는 가족을 잃은 비통은 사별 후 '23개월' 정도 지속된다고 한다. 그리고 "인간의 유전자에는 상실에 대한 회복능력이 내재해있어 떠난 사람의 흔적이 삶에 진하게 남아있지만 결국 다른 것에 흥미를 느끼고 자신의 삶을 새롭게 꾸려가는 모습으로 회복된다"는 것이다. 하지만 절망과 우울 단계에서 회복과정으로 진입하지 못하고 '지속적 애도(prolonged grief)' 현상이 나타나면 신경정신과 진료를 받아야 한다고 하였다.

애도 과정의 네 단계가 순차대로 일어난다고 볼 수 없으며 뒤죽박죽 나타나기도 하고 또는 다음 단계를 건너뛸 수도 있을 것이다. 문제는 애도 과정의 네 단계를 시간이 흐르면 누구나 그냥 자동적으로 통과한다는 보장이 없다. 슬픔, 분노, 죄책감, 우울감 등을 참고 견디면 상실에 대한 회복능력이 저절로 작동하여 일상으로 복귀한다고 장담할 수 없다. 상명지통은 그 어떤 것과 비교할 수 없을 정도로 극심하기 때문이다. 내 경험에 의하면 의도적이고 계획적인 노력이 선행되지 않고 애도의 네 단계를 성공적으로 건너는 것은 결코 쉬운 일이 아니었다.

1~3단계를 무사히 통과하고 기간을 단축하여 마지막 4단계인 재건과 회복 상태로 진입하기 위하여 다양한 방법을 찾아야 한다. 일반적으로 신앙을 통해서, 선현들의 지혜를 통해서, 시간의 흐름과 망각을 통해서, 영속적인 해탈을 통해서, 자연적으로 치유되기를 기대하면서, 자포자기하거나, 될 대로 되라고 내버려두거나, 신경정신과 치료를 받거나, 아니면 알코올이나 약물에 의존하는 등 방법은 다양하다.

아내는 신앙으로 딸을 잃은 슬픔과 고통을 이겨내려고 노력 중이다. 주님의 부름을 받은 딸은 주님의 사랑 속에 영원한 평화와 안식을 누리고 있을 것이라고 믿는다. 딸이 힘들어하는 것을 아는 주님이 고통을 덜어주기 위해서 알아서 데려갔다고 생각한다. 딸 친구들이 엄마의 성격상 YJ를 잃고 도저히 살 수 없을 것이라고 많이 걱정했는데, 신앙으로 이겨내는 모습을 보고 "저희도 종교를 가져야 하는 것 아닌가요?"라고 말할 정도다.

자식이나 배우자를 앞세운 경험자들은 결국 '시간이 약'이란 말로 위로해준다. 일반적으로 2~3년이 고비이며 시간만이 유일한 해법이라고 한다. 시간이 지나면서 아픈 기억이 점점 약화되고 점차 마음의 평화를 회복하게 된다는 것이다. 하지만 지금 같아서는 다윗(David) 왕의 반지에 새긴 말과 같이 "이 또한 지나가리다(This too shall pass away)"라고 장담하기 어려울 것 같다. 내가 살아서 숨 쉬고 있는 동안 늘 가슴속에 묻고 살아갈 수밖에 다른 방법이 없을 것 같다. 아무리 많은 시간이 흘러도 딸의 죽음을 잊는다는 것은 어불성설이다. 물론 시간이 지나면 슬픔과 고통의 강도는 서서히 줄어들겠지만….

나는 신경정신과 치료를 받고 공황장애 증상은 거의 극복했지만 애통함은 다스릴 수 없었다. 그래서 삶과 죽음의 본질에 대한 근본적인 질문에서 답을 찾기로 했다. 내가 겪고 있는 고난을 이겨내기 위해서는 '인생이란 무엇인가?' 그 본질을 파악하는 것이 무엇보다 중요하다고 생각했다. 결국, 선현들에게 길을 묻기로 했다. 그래서 불경, 성경, 철학 고전 등을 꺼내 들었다. 선현들은 인간이 살고 죽는 문제를 어떻게 보았으며, 사람 사는 세상을 어떻게 정의했는지 궁금했다. 그러면서 삶의 본질과 한계 그리고 내가 겪고 있는 고통과는 어떤 연관성이 있는가를 살펴보았다. '사람 사는 세상이 다 이런 것이구나'라고 공감할만한 소중한 인생철학의 명제를 새삼 확인할 수 있었다. 이미 알고 있었던 내용이지만 평소 그리 심각하게 받아들이지 않았었는데, 딸이 죽고 나서 구구절절 가슴속 깊이 와닿았다.

『예기(禮記)』「단궁상(檀弓上)」에서 유래됐다는 자식을 먼저 떠나보낸 부모의 아픈 심정을 표현하는 서하지통을 이겨내는 것이 너무 힘들어 인생철학의 명제들을 수용하기로 하였다. 인간 세상에 대한 선현들의 이해를 받아들였다. '사람 사는 게 다 그렇고 그런 것'이며, '모든 것은 헛되고 부질없다'는 소중한 인생철학의 명제를 받아들이면서 단장지애를 어느 정도 벗어날 수 있었으며, 쓰러지기 직전의 처절한 위기상황에서 내가 살아가야 할 이유와 희망을 찾는 계기가 되었다. '나도 별수 없는 사람이다', '나도 이 한계와 범위를 벗어날 수 없다'는 사실을 받아들이니 슬픔이 많이 누그러들었다. 그리고 개인의 삶에 대한 기대를 접을 수 있었고, 새로운 삶의 돌파구를 찾는 데 긍정적으로 작용했다. 왜 하필 '나'냐고 원망하는 마음도 많이 수그러들었다.

니체는 『이 사람을 보라』에서 "인간에게 있어서 위대함에 대한 정식(定式)은 운명에 대한 사랑(amor fati)"이라고 했다. 니체는 인간의 운명은 필연적이라고 하면서, 이를 긍정하고 사랑할 때 창조성을 발휘할 수 있으며, 위대해진다고 주장했다. 운명을 사랑하는 것은 고통과 상실을 포함해서 자신에게 일어나는 모든 것을 적극적으로 받아들이는 삶의 태도라는 입장이다.

법정 스님은 "삶에 저항하지 마라.… 그냥 받아들이라"고 했다. 나는 '현실을 있는 그대로 받아들이기'로 다짐했다. 받아들인다는 것은 소극적인 자세지만 포기나 체념과는 다른 개념이다. 슬픔과 고통을 회피하는 것도 더더욱 아니다. 내가 당한 일, 나의 처지, 내 신세, 내 운명 등을 부정하는 것이 아니라 있는 사실을 그대로 가감 없이 수용하는 것이다. 빅터 프랭클(Viktor Emil Frankl)의 『죽음의 수용소에서(Man's Search For Meaning)』는 "불필요하게 고통을 감수하는 것은 영웅적인 태도가 아니라 자기학대에 불과하다"라고 했다. 삶의 고통을 회피하고 그것을 잊을 방법을 찾기보다 오히려 자기 자신의 태도를 결정하고, 자기 자신의 길을 선택할 수 있는 자유를 가지라고 강조한 것이다.

헤라클레이토스(Heraclitus of Ephesus)가 "사람은 똑같은 강물에 발을 두 번 담글 수 없다"고 했다. 나는 복수불수(覆水不收)란 엄연한 현실을 있는 그대로 냉정하게 받아들일 수밖에 다른 도리가 없었다. 내 의지와 무관하게 이미 일어난 일, 되돌릴 수 없는 과거, 피할 수 없었던 운명적인 일, 불가항력으로 일어난 일, 어쩔 수 없이 당한 비정상적인 일 등등에 대하여 부정한다고 원상으로 되돌릴 수 없는 노릇이기 때문이다.

쇼펜하우어는 『의지와 표상으로서의 세계』에서 "삶의 형식은 끝이 없는 현재이다. 따라서 있는 그대로의 삶에 만족하는 사람, 삶을 긍정하는 사람은 죽음의 공포를 물리칠 수 있다"라고 했다. 에이미 모린(Amy Morin)은 『나는 상처받지 않기로 했다(13 Things Mentally Strong People Don't Do)』에서 "아무리 후회해도 과거는 바뀌지 않는다"라고 했다. "과거에 연연하면 현재와 멀어지고, 문제를 해결하지 못하고, 우울해지고, 건강에 해롭다"라는 등 여러 가지 이유로 "최상의 자아를 찾지 못한다"고 덧붙였다.

지난 일을 일단 현실로 인정하니 마음의 안정을 회복하는 데 어느 정도 도움이 되었다. 되돌릴 수 없었던 과거를 받아들이는 자세가 마음의 평화를 얻는 데 중요하게 작용했다. 전혀 바꿀 수 없는 과거와 싸우면서 시간과 에너지를 허비하는 것은 현명하지 않다는 평범한 진리를 깨달았다. 삶에 저항하고, 현실을 부정하며 거부하고, 원망한다고 해법이 나올 것 같지 않았기 때문이다. 과거보다는 지금(now) 여기(here)가 중요하다. 현실을 받아들이고 산 사람은 살아야지 별도리가 없지 않은가? 아무리 힘들어도 주저앉거나 포기하지 말고, 복수불수의 현실을 인정하면서 열심히 살아가는 자세가 필요한 것 같다.

  양광모의 시「나는 배웠다」에서 "나는 몰랐다. 인생이라는 나무에는 슬픔도 한 송이 꽃이라는 것을"이라는 구절이 있다. 나는 죽을 만큼 힘겨웠던 고비를 현실을 수용하면서 일단 넘겼고 마음의 안정을 많이 회복했지만, "슬픔을 한 송이 꽃"으로 승화시키는 경지에는 아직 도달하지 못했다. 니체가 말한 필연적이고 기구한 운명까지 긍정하고 사랑하는 아모르 파티(amor fati)에는 얼씬도 하지 못했다. 내가 이런 단계까지 도달한다는 것은 살아있는 동안 요원할 것 같지만 딸의 죽음을 현실로 받아들이면서 슬픔과 고통을 이겨내고 있다. 특히, 나의 아픔은 딸이 죽기 전에 겪었던 절망적이고 참담한 심적 갈등과 고통에 비하면 창해일속(滄海一粟)에 지나지 않는다는 생각으로 버티고 있다.

주님의 품 안에서 이루어진다

　나는 종교가 없다. 신(神)의 존재를 믿지 않지만 천지 창조의 오묘한 신비로움은 인정한다. 창세(創世)가 불가사의하다고 인정하면서도 태초에 하나님이 천지를 창조했다는 설에 선뜻 동의하기 어렵다. 창세기를 믿는 신앙인을 폄훼할 의도가 있는 것은 전혀 아니다.

　유네스코에서 종교에 대한 48개의 개념을 소개하면서 정의하기 힘들다고 했다. 나는 종교를 유한적 존재인 인간이 살아가면서 마주치는 불안, 두려움, 불확실성 등을 극복하고 마음의 평화(peace of mind)를 얻는 안식처인 동시에 인간 삶의 도덕적 기준과 방향을 제공하는 수단이라고 이해한다. 법정 스님은 "사실 종교는 사람의 수만큼 많을 수도 있다. 왜냐면 사람들은 저마다 독특한 사고와 취미와 행동 양식을 지니고 있기 때문"이라고 하면서, "종교는 인간이 보다 지혜롭고 자비스럽게 살기 위해 있는 하나의 길"이라고 이해하였다.

　신앙의 교리를 삶의 양식이나 기준 그리고 도덕적 지침으로 삼아 인간의 행동이나 욕망을 자제하면서 사랑, 헌신, 봉사를 실천하는 정신적 덕목으로 삼는 것은 매우 바람직스러운 일이다. 종교는 인간이 행복하게 살아가는 데 필요한 하나의 방법이며 길이 될 수 있다. 인간은 너무 연약하고 불완전한 존재이기 때문에 전지전능한 초월자나 절대자인 신을 숭배하려는 성향이 있다. 또한, 사람들은 생로병사 등 극복할 수 없는 인간의 한계를 신이 갖는 신비로운 힘에 의지하여 위로받고 꿈과 희망과 용기를 얻어 마음의 평화를 얻고자 한다. 신앙인은 모든 인간사는 절대적 힘을 가진 신의 섭리에 따라 진행된다고 믿는다.

결국, 안전하고 평화롭고 행복한 삶을 위해서 신앙이 필요하다. 종교는 어디까지나 인간의 관념과 정신세계와 관련된 정신 활동이기 때문에 타인의 종교나 신앙에 시비를 걸거나 따져서는 안 된다고 생각한다. 그렇지만 자기가 믿는 종교만이 유일하다고 고집을 부리는 아집은 진정한 신앙인의 자세가 아니다.

니체는 『인간적인 너무나 인간적인』에서 "종교는 고찰의 대상이 된다. 종교는 이성에 마취를 베풂으로써 인간을 만족시키려 하는 것이고, 따라서 지적 양심에 반하는 것이다"라고 하였다. 『차라투스트라는 이렇게 말했다』에는 이런 이야기가 나온다. 차라투스트라가 산에서 내려오다가 늙은 성자를 만났는데, 성자가 "나는 신을 사랑하네, 인간을 사랑하지 않아, 인간은 너무 불완전한 존재야… 노래하고 울고 웃고 중얼거리면서 나는 신을, 나의 신을 사랑하네!"라고 말하였다. 성자와 헤어진 차라투스트라는 "이럴 수 있단 말인가! 저 늙은 성자는 숲속에 오래 있어서 신이 죽었다는 소식조차 듣지 못했구나!"라고 탄식했다고 한다. 니체는 "신이란 나약한 인간이 만든 허구의 존재이며 실재하지 않는다", "신이 할 수 있는 유일한 변명은 그가 존재하지 않는다는 점이다", "인간이 신을 창조했다"라고 했다.

쇼펜하우어도 『의지와 표상으로서의 세계』와 『쇼펜하우어 평전』에서 "신은 죽었다.… 인간은 언제나 자기 자신에게 의존하는 수밖에 없지만, 신들에게 구걸하고 아부하기 위하여 헛되이 신들을 만들었다.… 신앙을 믿느니 차라리 두려움을 믿는 편이 더 안전하다"라는 말까지 했다. 나는 신은 신앙인의 믿음과 마음속에 존재한다고 생각한다. '신은 인간이 필요해서 인간이 창조했다'는 입장이다. 그렇지만 종교의 필요성과 숭고함에 전적으로 공감하고 신앙인들의 믿음을 존중한다. 나는 종교는 없지만, 아내를 따라 성당에 가면 경건한 마음가짐으로 열심히 기도한다. 여행 중 사찰을 방문하면 반드시 대웅전에 들러서 부처님께 삼배하면서 가족의 건강과 행복 등을 축원한다.

아내는 종교가 없는 나와는 달리 신앙심에 의지해서 서하지통을 이겨내려고 노력 중이다. 신앙의 힘으로 단장의 고통을 극복하려고 한다. 아내는 인생 최악의 역경을 감당하기에는 정신력이 매우 약한 편이다. 아내는 무엇을 가슴에 오랫동안 담아놓고 속으로 삭이는 성격이 아니라 있는 그대로 그냥 풀고 마는 뒤끝도 없고 아주 단순한 성격이지만 딸 문제에서는 헤어나지 못하고 너무 힘들어한다. 천만다행인 것은 성당에 자주 나가 미사를 보고, 개인적으로 잘 아는 신부, 수사, 수녀님들과 수시로 통화하고 수도원과 성지를 방문하면서 위로받고 강복(降福) 의식에 슬픈 마음을 치유하기 시작한 것이다.

성당에서 미사를 보면서 기진맥진할 때까지 운다. 하느님께 애걸복걸하면서 매달린다. 모든 것을 하느님께 맡겼다고 한다. 거룩하신 하느님이 주는 평화는 일반 평화와 격이 다르다고 강조한다. 아내는 마음의 평화 이전에 자신이 살기 위해서 성당에 간다고 한다. 주님께 오직 "딸의 영원한 안식과 그리고 자신이 오직 버티게만 해달라"고 빈다고 한다. "이 세상에서 가장 소중한 자식을 하늘나라에 보냈는데, 더 이상 잃어버리거나 내려놓을 것도 없다. 더 바랄 것도 없다. 오직 딸의 안식과 슬픔과 고통을 견디는 것이 가장 중요하다"고 한다. 주일 미사는 빼놓지 않고 평일에도 자주 성당으로 달려간다. 코로나 때문에 대면 예배가 어려우면 집에서 평화방송으로 미사를 본다. 방송 미사는 성체를 모실 수 없다고 하면서 먼 시골에 있는 성당의 미사 시간을 알아보기도 한다.

집 안은 유튜브에서 나오는 복음성가로 가득 차있다. 성가를 들으면 마음을 가라앉히는 데 많은 도움이 된다고 하면서, 성가가 없었으면 어떡할 뻔했느냐고 한다. 음악은 사람의 마음을 기쁘고 즐겁게도 하지만 다른 한편 슬프고 우울하게도 한다. 아내는 성가를 들으면서 마음을 다스리고 정신적으로 많은 위로를 받는 것 같다. 성가가 힐링에 도움이 되고 있다. 요즈음 음악치료가 신체적·심리적·정서적 통합과 안정감 회복 그리고 건강 증진을 위해서 많이 활용된다. 집에는 평화방송을 거의 켜놓은 상태다. 신부의 방송 강론을 계속 듣는다. 사람이 죽고 사는 것은 모두 주님의 뜻이라고 믿는다. 모든 것은 주님이 알아서 해주실 것이니 걱정할 필요가 없다고 한다. 세상일이 인간의 뜻대로 되는 것은 하나도 없고, 모든 것은 하느님의 품 안에서 이루어진다는 믿음을 갖고 있다.

내가 죽어야 딸을 만날 수 있는데 왜 죽지 않는지 모르겠다는 말까지 한다. 시간이 갈수록 딸을 만날 날이 더 가까이 오고 있다고 믿는다. 아침에 일어나면서 그리고 잠자리에 들면서 하루도 빼놓지 않고 딸의 이름을 불러보고, "오늘 하루가 또 지나갔다. 너와 재회할 날이 그만큼 가까워지고 있다"고 생각하면서 평화와 안식을 빈다고 한다. 커다란 예수화를 거실에 걸어놓고 성모상 앞에서 하루에 몇 번씩 엎드려 흐느끼면서 기도한다. 딸의 영혼을 위해서 쉬지 않고 빌고 또 빈다.

다음과 같은 파일을 만들어 매일 아침 일찍 일어나 1시간 이상 기도와 묵상을 한다. '12기도 시작에서 15기도 예수님께서 마지막 피를 쏟으심까지', '자녀를 위한 기도', '성령 송가', '바룩서 5장', '성모찬송', '성가정에 드리는 기도', '환희의 신비 1~5단', '빛의 신비 1~5단', '고통의 신비 1~5단', '영광의 신비 1~5단', '시편 129', '연도: 시편 50(51), 3~21', '하느님 자비의 5단 기도', '예수님께서 파우스티나 성녀에게 내리신 말씀', '베드로의 첫 번째 편지' 등이 포함되어 있다. 아내는 끼니는 걸러도 기도는 빼놓지 않고 있다. 아내는 하루 세 시간 이상 기도에 매달린다.

아내는 눈물과 콧물이 뒤범벅되도록 울면서도 신앙의 힘에 의존해서 많은 위로를 받고 있다. 모든 것을 하느님께 맡기고 마음을 추스르고 있으니 얼마나 다행스러운 일인가? 아내가 시련을 이겨내려고 열심히 노력하니 집안 분위기도 덩달아 좋아지고 있다. 아내에 대한 나의 걱정과 불안이 차츰 해소되고 있다.

나는 딸이 죽고 나서 하느님을 믿고 의지하는 아내를 통해서 신앙의 신비를 목격하고 있다. "인간은 모든 것을 신에게 가져간다"는 말도 실감하게 되었다. 신을 부정하는 니체도 『도덕의 계보』에서 "신이야말로 인간을 인간의 힘으로는 어찌할 수 없는 상황으로부터 구제할 수 있는 유일한 존재인 것이다"라고 하였다. 아내가 자식을 잃고도 마음을 가다듬고 정신을 차리는 모습에 종교의 힘이 얼마나 위대한지 새삼 인식하는 기회가 되고 있다. 아내는 "여보, YJ를 앞세우고도 나 잘 견디고 있지?"라고 나에게 물으면서, "내가 생각해도 버티는 것이 정말 신기해"라고 말한다. 그러면서 "이것이 바로 기적"이라고 한다. 사람이 죽고 사는 것은 주님의 품 안에서 이루어지고 내가 견디는 것은 주님의 은총 때문이라고 믿는다. 나는 신앙은 없지만, 아내가 하느님께 매달리면서 애원하고 마음의 평화를 찾고 위로받는 모습에 신비로움을 느끼지 않을 수 없다. 힘든 일이 생기면 "걱정하지 마. 주님이 다 알아서 해주실 거야"라고 하면서 평상심을 회복한다. 신앙의 힘이 이렇게 강한 줄 미처 몰랐다.

아내는 주님의 뜻에 순응하는 것을 신념으로 삼고 슬픔과 고통 그리고 불안감과 초조감을 이겨내려고 열심히 노력하고 있다. 하느님 아버지께서 딸의 영혼을 자비롭게 받아주실 것이라고 믿고 있다. 세상일은 모두 마음먹기에 따라서 달리 보일 수 있다는 사실을 아내를 통해서 확인하고 있다. 아내가 신앙의 신비를 실증해주고 있다. 확고한 신념의 위력은 정말 대단한 것 같다. 다행스러운 일이다.

이어령은 목사로 사역하던 딸을 앞세우고 『딸에게 보내는 굿나잇 키스』라는 편지글을 남겼다. 그리고 기독교인이 되었다고 한다. 이어령과 같은 저명한 인사도 딸을 잃고 신앙인이 되었다는데, 나는 그렇게 되지 못한 것이 아내에게 미안할 따름이다. 신앙에 의존해 슬픔과 고통을 달래면서 잘 견뎌주는 아내에게 고마운 마음이다. 아내를 통해서 종교의 필요성과 신앙의 신비를 체험하고 있다. 아내가 나에게 종교는 고통받는 신앙인에게 따뜻한 사랑과 구원의 손길이 된다는 사실을 보여주고 있다. 나는 주님의 자비와 은총으로 아내가 마음의 평화를 회복하길 간절하게 소망한다.

세상의 모든 것은
결국 무로 돌아간다

불교의 궁극적인 목표는 열반(涅槃)의 경지에 들어가는 것이다. 열반은 수많은 번뇌 중 가장 대표적인 마음의 삼독(三毒)인 탐진치(貪瞋癡)로부터 완전하게 해탈(解脫)하여 근심이 없는 편안한 심경에 이르는 것을 의미한다. 고통에서 벗어나는 것이 해탈이다. 해탈은 번뇌의 불을 꺼서 깨우침의 지혜를 완성하고 완전한 정신의 평안함에 놓인 상태를 뜻한다. 깨달음을 얻기 위해서 정견(正見), 정사유(正思惟), 정어(正語), 정업(正業), 정명(正命), 정념(正念), 정정진(正精進), 정정(正定) 등 팔정도(八正道)를 수행하여야 한다.

쇼펜하우어는 『행복론과 인생론』, 『의지의 표상으로서의 세계』에서 "인간의 본질은 의지"라고 했다. "모든 인간의 가장 깊은 충동은 바로 생존을 위한 맹목적인 비합리적 의지라고 파악"한다. "우리의 지식과 삶에 대한 태도는 외부세계로부터 주어지거나 결정되는 것이 아니라 인식의 주체인 인간의 의식과 태도에 따라 달라진다. 끊임없는 욕망의 연속으로 세계는 필연적으로 고해(苦海)가 된다. 고해에서 해방되는 방법은 영속적인 해탈로 가능하다." 그리고 "도덕은

타인의 고통을 자신의 고통으로 보는 동고나 동정(同情)에서 성립한다", "이도 한계가 있어 결국 진정한 해탈은 공허한 무로 몰입해야 한다. 해탈한 자의 눈에는 세계란 본래 무의미하고 무가치한 것으로 보인다"라고 했다.

해탈은 공허한 무로 몰입해야 가능하고, 해탈한 사람에게는 세계가 무의미하고 무가치한 것으로 보인다는 말이 가슴에 와닿았다. 불교의 가르침이나 쇼펜하우어의 말을 빌리면 자식을 잃은 슬픔과 고통을 이겨낼 방법은 결국 해탈을 통하여 열반의 경지에 도달해야 한다는 것이다. 법정 스님도 "해탈이란 고(苦)에서 벗어난 자유자재의 경지를 말한다. 그런데 그 고의 원인은 다른 데 있지 않고 집착에 있다"라고 했다. 해탈을 통하여 자식을 잃은 고통에서 벗어나고, 자식에 대한 집착으로부터 해방되어야 할 것이다. 내가 해탈의 경지에 도달할 가능성은 희박하지만, 쇼펜하우어를 통해서 삶과 죽음을 바라보는 의식과 태도 그리고 의지가 무엇보다 중요하다는 사실을 알았다.

특히 쇼펜하우어의 "존재 자체가 고통스럽고 비참한 것으로 우리는 차라리 태어나지 않은 편이 나았다.… 영원한 존속에 적합한 개체는 없다.… 인간은 시간에 의해 시작해 끝을 맺는 덧없이 스쳐 지나가는 개체다.… 세상에는 어떤 종류의 안정이나 지속적인 상태가 불가능하고 모든 것이 쉼 없이 소용돌이치며 변화하고 있다.… 대부분의 사람들은 인생의 끝 무렵에 이르러 한평생 임시로 살아왔음을 알게 된다.… 인간의 인생행로는 대체로 희망에 우롱당하며 죽음을 껴안고 춤추게 되어있다"라는 말도 공감하게 되었다.

영원한 존속에 적합한 개체는 이 세상 어디에도 존재하지 않는다. 결국, 모든 생명체는 언젠가 소멸하고, 인간은 죽음을 안고 사는 것이 숙명이라고 볼 수 있다. 이 세상에 태어나서 죽는 날까지 얼마나 오랫동안 존속하느냐는 시간의 문제일 뿐 누구나 결국 무로 돌아간다. 이 세상에 시간과 공간은 무한하지만 한 사람의 생명은 유한하다. 그런데 쇼펜하우어의 말과 같이 "우리의 삶은 현미경으로 봐야 할 정도로 아주 작은 점에 불과한데, 우리는 그 점을 시간과 공간이라는 두 개의 강력한 렌즈로 확대해 엄청나게 큰 것으로 보고 있다."

그렇다. 인생은 현미경으로 봐야 할 정도로 매우 작은 점인데, 우리는 삶에 대하여 너무 큰 기대를 걸고 있으며, 무한한 시간과 공간을 염두에 두고 있는 것은 아닌지? 삶의 본질은 덧없고 허망한 것임에도 불구하고 말이다. 딸의 죽음은 인생의 허망함과 덧없음을 다시 한번 깨닫는 기회가 되었다. 딸의 죽음이 원통하고 안타깝고 충격적이고 고통이 크지만, 결국 무가 되는 것이 인간의 숙명이란 사실을 받아들일 수밖에 없었다. 그래야 고통과 슬픔으로부터 어느 정도 벗어날 수 있고, 위안을 받을 수 있기 때문이다.

인간이 결국 무로 돌아가는 것을 모르는 사람이 어디에 있겠는가? 그렇지만 나는 평소에 무가 된다는 불변의 진리에 전혀 관심을 기울이지 않았다. 너무 당연한 것을 별도의 고민거리로 삼을 필요성을 느끼지 못했기 때문이다. 하지만 젊은 딸이 죽고 무에 대하여 깊게 통찰하고 숙고하는 기회가 되었다. 누구나 당연하게 무로 돌아간다.

다만 이 세상에 존재했던 시간이 길었느냐 짧았느냐의 차이만 있을 뿐이다. 무로 돌아가는 데 걸린 시간이 길면 행복하고 짧으면 불행한 것인가? 꼭 그렇지만은 않은 것 같다. 삶이 무로 변하는 데 걸린 시간이 짧은 것은 아쉽고 안타까운 일이지만, 오래 사는 사람과 몇십 년 차이에 불과한 것이다. 몇십 년은 영겁(永劫)과 비교하면 미미하다고 생각하면서 자위하고 있다. 하지만 힘들게 살아가고 있는 사람에게 몇십 년은 천추와 같이 엄청 지루하고 긴 시간이 될 수 있을 것이다.

   세상의 모든 것이 궁극적으로 무가 된다고 삶을 체념해서는 안 될 것 같다. 집착에서 탈피하여 해탈의 경지에 도달하고, 내공을 쌓으면서 삶의 모든 고통과 시련을 이겨내도록 노력하는 모습을 보여야 하지 않을까?

   오늘도 쇼펜하우어의 『행복론과 인생론』에 나와있는 글을 읽으면서 힘을 얻는다.

> 세상의 소유물이 다 사라진다 해도
> 슬퍼하지 마라, 아무것도 아닌 것이니.
> 세상의 소유물을 다 가졌다 해도
> 너무 기뻐하지 마라, 아무것도 아닌 것이니.
> 고통과 환희도 지나가버리는 것이니.
> 세상을 지나쳐 가라, 아무것도 아닌 것이니.

가족이 있고
그다음에 내가 있다

쇼펜하우어는 『행복론과 인생론』에서 "인간은 모든 점에서 어떤 경우에도 맨 먼저 오직 자기만을 즐긴다. 모든 존재는 그 자신 때문에 살아가고 존재한다. 먼저 내가 있고 그다음에 세계가 있다"라고 했다. 맞는 말이다. 내가 없으면 현존하는 세계가 무슨 의미가 있겠는가? 내가 없는데 세상이 있어봤자 무슨 소용이 있겠는가? 내가 있어야 가족이 있고, 이웃이 있고, 나라가 있고, 세계가 있다는 것은 분명한 사실이다. 사람은 궁극적으로 자기 자신을 위해서 살아간다. 인간은 이기적이고 이타적인 두 개의 얼굴을 가지고 있지만 자기 자신을 최우선으로 생각하는 것은 본성일 수 있다. 인간은 개인주의적이고 이기심으로 가득 찬 탐욕스러운 성향이 강하기 때문에 쇼펜하우어의 주장은 일리가 있다.

딸이 죽고 처음에는 나 자신 이외에 보이는 것이 아무것도 없었다. 주위를 돌아보거나 다른 사람에게 관심을 기울일 마음의 여유가 없었다. 너무 기가 막혔고 슬프고 정신이 없었기 때문이다. 내가 이 세상에서 가장 불행한 사람이라는 생각 속에 갇히게 되었다. 사고의 범위가 나 중심으로 협소해졌다. 고통을 견디는 것이 힘겨워 육체적 정신적으로 심각한 후유증에 시달렸다. 이 병원 저 병원 돌아다니고 응급실에 드나들면서 죗값을 치른다고 생각했다. 고통과 방황의 시간이 길어질수록 내 몸은 망가지고 마음은 병들고, 자신의 삶이 총체적으로 무너져내리고 있음을 스스로 느낄 수 있었다. 이러다 결국 나도 완전히 주저앉게 될지 모른다는 불안감이 엄습했다. 쇼펜하우어의 말과 같이 나 자신만을 생각하지 않을 수 없는 처지가 되었다. 너무 힘들다 보니 '나 자신을 무엇보다 소중하게 생각하자는 이기심'이 발동된 것이다.

 그러나 시간이 지나면서 '쇼펜하우어의 주장은 본질은 맞지만, 과연 이 세상에 나만 존재하는 것인가? 자신만을 위해서 사는 것이 인간의 도리일까' 반문하지 않을 수 없었다. 결론적으로 답은 아니었다. 인간은 사회적인 동물로 나 홀로 살아갈 수 없다. 더불어 살아야 한다. 공동체의 이익을 위해서 개인이 양보하고 봉사하고 때로는 희생도 감수해야 한다. 살신성인의 자세로 이타적인 삶을 살아 후세에 본보기가 되어 길이길이 추앙받는 사람들이 얼마나 많은가?

 나는 그런 위대한 인물 근처에는 얼씬도 할 수 없지만, 한 집안의 가장으로서 가족에 대한 책무를 떠올리지 않을 수 없었다. 가장인 내가 중심을 잃고 방황하고 주저앉으면 나머지 가족은 누굴 믿고 의지하면서 슬픔을 달랠 수 있을까? 고통의 시간이 계속되는 와중에 나만을 생각하는 것이 과연 죽은 딸과 남은 가족을 위해서 옳은 길인가 생각하게 된 것이다. 어떻게 하든 집안의 위기를 극복하고 슬픔을 이겨낼 수 있는 해법을 찾아야 했다. 한 집안의 가장으로서 내가 중심을 잃어서는 안 된다는 책임감을 느끼게 되었다. 내가 절망하고 방황하면 위기에 처한 집안 꼴이 무엇이 될 것인가 걱정이 앞섰다. 딸이 죽은 것은 현실이고, 그 후유증 때문에 가정까지 파괴되면 더 큰 문제가 아닐 수 없다는 생각을 하니 정신이 번쩍 들었다. 그러면서 어머니, 아내, 큰딸, 손자, 형제자매, 친척, 친구 등 가까운 사람들을 하나하나 떠올려보았다. 사고(思考)의 범위를 '딸의 죽음과 나만의 고통'에서 '가족'으로 확대했다. 나 중심에서 가족으로 눈길을 돌렸다.

어머니는 누나를 잃은 지 30년이 훨씬 넘었는데도 아직도 슬퍼하신다. 딸이 죽기 2시간 전에 마지막 통화를 한 분이 어머니다. 손녀의 슬픈 소식도 또한 여동생의 죽음도 어머님은 아직 모르신다. 내가 겪어보니 누나를 여의고 어머니가 얼마나 힘드실까 충분하게 알 것 같다. 그런데 내 딸과 여동생까지 세상을 떠났다고 하면 아마도 혼절하실 것이 분명하다. 90 평생 자식 사랑이 남다르고 자식들을 위해서 헌신적으로 뒷바라지하신 어머니는 더 버틸 기력이 없으실 것이다. 여동생과 딸의 죽음을 어머니가 언제 돌아가실지 모르겠지만 임종 직전에 '하늘나라에 가시면 제일 먼저 만나보시라'는 식으로 알려드릴 생각이다. 이런 어머니가 너무 애처롭다.

딸의 비보를 접하고 망연자실한 가운데, 가장 먼저 아내를 걱정한 것이 사실이다. 딸이 하늘나라에 갔다는 소리를 듣고 오열하면서 넋이 나간 상태에서 실신 직전에 이를 정도로 몸부림치던 아내를 생각하지 않을 수 없었다. 아내는 딸이 죽었다는 소식을 듣고 장례미사 전까지 있었던 일련의 과정을 전혀 기억하지 못한다고 할 정도로 정신이 나갔었다. 비몽사몽간에 큰일을 치른 것이다. 같은 부모로서 심신이 허약한 아내가 너무 가련하다는 생각이 들었다. 나는 딸의 죽음을 자정쯤 확인했지만, 아내에게 곧바로 말하면 기절할 것이 너무 뻔해서 이른 새벽까지 이 핑계 저 핑계를 대면서 충격을 줄이기 위해 변죽을 울리다 지방에 사는 동생들을 불러 모은 뒤 알렸다.

아내는 잔병치레를 많이 해서 건강상태가 좋지 않은데, 하루를 울음으로 시작해서 울음으로 마감한다. 딸이 보고 싶어 견딜 수 없다고 하면서 흐느낀다. 엊저녁에는 딸을 꿈에서 두 번째 봤는데, 밝은 표정을 짓고 집에 왔다고 하면서 안도했다. 아내는 정신적으로 약하다. 아내는 신앙의 힘에 의존해서 겨우겨우 힘겹게 버티고 있다. 딸을 잃은 슬픈 감정을 아직도 주체하지 못하고 힘겨워하는 아내가 너무 불쌍하다.

또한, 큰딸도 생각해야 한다. 죽은 자식만 자식이 아니다. 동생의 비보를 가장 먼저 듣고 몸부림을 치면서도 의연하게 대처했던 침착한 딸이다. 동생을 떠나보내고 슬픔을 못 이겨 대성통곡하면서 오열하던 큰딸의 모습이 아른거렸다. 장례를 치르고 바로 동생 집에 가서 혼자 하룻밤 묵으며 밤새 유품을 챙겨 온 딸이다. 큰일을 당하고 보니 큰딸의 위기 대응력이 얼마나 뛰어나고 담력도 강한지 알 수 있었다.

큰딸은 원칙을 중시하고 예의가 바르고 사리가 분명하다. 어려운 사람을 돕고 남을 배려하는 넉넉한 마음을 갖고 있다. 속도 무척 깊다. 교양도 있고 매너도 나무랄 데가 없다. 민항기 기장으로서 비행을 너무 좋아하며 자기 일에 대한 자긍심과 만족도가 매우 높다. 현 급여 수준의 절반만 준대도 조종간을 잡겠다고 할 정도다. 동생 없이 외롭게 살아갈 큰딸이 안쓰럽다는 생각이 든다.

  손자는 어떤가? 이모를 너무 좋아했다. 이모의 사랑도 독차지했다. 이모가 왜 자기를 보러 오지 않느냐고 보챈다. 이모가 아프리카 오지에 가서 연락도 안 되고 꽤 오래 머물 것 같다고 속였다. 이모가 보고 싶다고 자주 찾는다. 그러면서 아프리카에 갔어도 그렇지, 내 생일과 어린이날 전화 한 통도 안 하는 것이 정말 이상하지 않으냐고 한다. "지구상에 연락이 닿지 않는 곳이 어디 있느냐"고 의구심을 나타낸다. "할머니, 혹시 이모 하늘나라 간 것 아니지?"라고 자주 묻는다. 손자에게 언제 어떻게 이모 이야기를 꺼내야 할지 고민이다. 어린 손자가 받을 충격과 상처가 두렵기 때문이다. 좀 더 크면 자연스럽게 알 수 있도록 하려고 한다. 손자는 "할머니, 왜 맨날 그렇게 슬픈 얼굴이야"라고 묻는다. 아내가 숨어서 울다가 어쩌다 손자에게 들키면 "할머니, 왜 자꾸 울어. 무슨 일이 있어? 나에게 말하면 안 돼?"라고 한다. 손자는 우리 부부에게는 무엇과도 바꿀 수 없는 값진 선물이고 보배다. 손자가 희망이다. 손자가 없으면 어찌 살 수 있을까 싶다.

  니체는 『도덕의 계보』에서 "사람은 선천적인 자성(資性)으로, 부러지지 않고 팽팽하게 당겨져, 위급한 경우가 닥치면 더욱더 팽팽하게 당겨지는 활처럼, 새로운 것, 보다 어려운 것, 보다 먼 것을 향하는 마음의 준비로 서게 되는 것"이라고 했다. 나는 니체의 주장처럼 사랑하는 딸을 잃은 위급한 상황에서 새로운 것, 보다 먼 것을 향하는 마음의 준비를 하지 않을 수 없었다. 선천적인 자성이 작동했을 수도 있지만 그렇지 않으면 내가 더 이상 살아갈 수 없었기 때문이다. 그래서 정신을 차리고 일어서야 할 이유를 어머니와 아내 그리고 남아있는 자식에게서 찾기로 했다.

우리 부부는 큰딸에게 짐이 되지 말고 조금이라도 도움이 되는 부모가 되자고 다짐했다. 그리고 살아가야 할 목적을 큰딸과 손자에 두기로 했다. 어떤 일이 있더라도 손자가 대학생이 될 때까지는 견뎌야 한다. 손자가 초등학교 4학년 때 학교에서 「가을」이란 시를 지었는데, "곡식들의 축제 가을이 왔네. 작물들도 익으니 나도 익어가는 것 같네. 황금빛 가을바람이 나를 스쳐 가니 내 곁에 있는 것들이 황금보다 더 귀해지는 것 같네…"라고 시작하였다. '나도 익어간다'는 표현에 놀라 저녁 식탁에서 "가을에 우리 손자가 얼마나 많이 무르익었느냐"고 물었더니 "나는 익어가는데, 할아버지는 시들고 있네"라고 대답하였다. 손자 말대로 내가 시들어가고 있는 것은 분명하지만 나는 어떻게든 손자가 성년이 될 때까지 버텨야 할 것이다.

특히 아내는 손자가 없었으면 살지 못했을 거라고 하면서 주님께 손자를 위해서 버티게 해달라고 매일매일 빈다고 한다. 손자가 대학생이 되어 독립적으로 생활이 가능할 때까지 돌봐줘야 큰딸이 마음 편히 직장에 다닐 수 있을 것이기 때문이다. 둘째 딸에게 못 했던 사랑을 큰딸과 손자에게 베풀기로 했다. 비록 실패한 아빠지만, 이것이 남은 자식에 대한 책무이자 도리가 아닌가 싶다. 나는 손자에게 친구 같은 할아버지가 되려고 노력하고 있다.

서른 살에 세계 100대 대학의 교수가 되고 불치의 말기 암에 걸려 서른두 살에 세상을 떠난 위지안(于娟)은 시한부 삶을 살면서 쓴 『오늘 내가 살아갈 이유』에서 "나는 살아야 한다. 엄마니까, 아내니까, 딸이니까, 그리고 나니까"라고 절규했던 투병기를 떠올렸다. 나는 가장으로서, 남편으로서, 아빠로서, 할아버지로서 역할을 하려면 힘과 용기를 내야 한다.

딸을 앞세우고 나서 인생무상과 삶이 덧없음을 절감했다. 사람 사는 게 참 별거 아니라는 생각을 하면서 사사로운 욕망이나 목표는 모두 포기했다. 나 자신을 위한 삶은 여기까지라고 정리했다. 이미 언급한 바와 같이 자식을 앞세운 부모는 그루터기에 불과한 존재라는 사실을 실감하면서 나를 완전하게 비우고 내려놓고 모든 것을 버리기로 했다. 신약 요한복음의 "나 자신을 위해서는 아무것도 구하지 않는다"라는 구절과 같이 나에 대한 모든 것을 체념하기로 했다. 체념은 모든 의지를 포기하는 것이다. 의지는 무엇인가를 얻거나 성취하려는 의식적이고 계획적인 마음이나 내면역량 그리고 내면적 욕구라고 이해할 수 있다. 의지는 행동을 유발하고 행동원인을 제공하는 원동력이다. 체념은 모든 것을 내려놓는 것이다.

반야심경의 이론적 핵심인 '공(空)'의 상태가 되는 것이다. 체념은 이와 같은 의지를 자의든 타의든, 외부환경 탓이든 내적 선택이든, 의식적이든 무의식적이든 포기하는 것이다. 비움과 포기는 어쩌면 마음이 편안한 상태가 될 수 있다. 공자(孔子)는 "욕심이 없으면 강하다(無欲則剛)"고 했다. 장편소설 『그리스인 조르바』를 지은 카잔차키스(Nikos Kazantzakis)는 묘비에 "나는 아무것도 바라지 않는다. 나는 아무것도 두렵지 않다. 나는 자유다"라고 적었다고 한다. 탐욕으로부터 해방되어 아무것도 바라고 기대하는 것이 없다면 두려움도 사라질 것이고, 매우 자유로운 상태가 될 수 있을 것이다. 나는 매슬로(Abraham Maslow)가 분류한 인간의 5단계 욕구 중에서 1·2단계인 생리적 욕구와 안전에 대한 욕구만 중시하자고 생각했다. 그 이외의 고급욕구인 3단계 애정욕과 소속욕, 4단계 존경욕, 5단계 자아 실현욕 등은 모두 버리자고 다짐했다. 생리욕과 안전욕 이외의 모든 고급욕구를 다 포기하고 딸에 대한 미안함과 죄의식에 더하여 가장으로서 힘겨워하는 가족을 최우선으로 고려해야 한다고 생각했다. 어머니, 아내, 큰딸, 그리고 손자를 위해서 살자고 마음먹었다.

　니체는 『이 사람을 보라』에서 "무엇인가를 원한다는 것, 무엇인가를 위해서 노력한다는 것, 하나의 목적, 하나의 소망을 상상한다는 것을 경험해보지 못하였다"라고 하였다. 또한 『도덕의 계보』에서 "인간은 무엇을 위해 생존하는가에 대한 물음은 대답이 없는 물음"이라고 하였다. 하지만 나는 가족을 위해서 생존해야 한다고 생각했다. 나는 죽고 싶을 정도로 힘들었던 슬픔과 고통을 진정시키고, 새로운 목적과 소망을 갖고 힘차게 다시 출발하자고 다짐하였다. 사람은 희망과 꿈을 먹고 산다. 헤밍웨이(Ernest Miller Hemingway)가 지은 『노인과 바다(The Old Man and the Sea)』에 "희망을 버리다니 어리석은 짓이야, 게다가 그건 죄가 된다고 믿어"라는 말이 나온다. 오츠 슈이치(大津秀)의 『죽을 때 후회하는 스물다섯 가지』는 "희망을 버리지 않고, 꿈을 잃지 않고, 넘어져도 다시 일어서 걸어가는 사람들은 후회하지 않는다"라고 했다. 정진홍은 앞에 인용한 책에서 영국 가수 폴 포츠(Paul Ports)에 관하여 이야기하고 있다. 폴 포츠는 "꿈은 진정한 삶의 원동력이다. 꿈꿀 수 있는 이상으로 꿈을 가져라. 그리고 쉼 없이 도전하라. 꿈을 갖고 도전하라. 내게 일어난 일이 당신에게도 일어날 수 있다는 희망을 가져라"라고 절규했다고 한다.

  꿈과 희망은 사람이 살아가는 데 진정한 원동력이 된다. 꿈은 사람에게 힘과 용기를 준다. 희망과 꿈이 없는 삶은 아무런 가치와 의미가 없다. 희망과 꿈을 잃게 되면 절망하고 삶의 목적과 의미를 상실하게 된다. 딸이 죽고 허무함과 절망감 때문에 표정은 어두워지고 무기력한 모습을 보이지 않을 수 없었다. 자포자기 상태에서 삶에 대한 비관적인 생각까지 하게 되었다.

  그렇지만 나는 살아가야 할 목표와 이유를 찾아 자식을 잃은 슬픈 감정을 달래고 이겨내야 했다. 단장의 고통을 다스릴 방법을 찾아야 했다. '나보다는 가족을 위하여'라는 새로운 삶의 목표를 찾고, 그것을 희망으로 삼아 참척의 아픔을 이겨내기로 했다. 앞으로는 가족을 위해서 살아야 한다는 새로운 목표를 정한 것이다. 딸의 죽음으로 나는 실패한 가장이 되어 내 삶의 의미를 잃었으니 개인적 삶은 없는 것으로 치부하고, 오직 가족만을 위해서 살자고 다짐한 것이다. 가족이 최우선이라는 목표를 세우고 '가족의 행복을 위해서 봉사하자'는 희망을 찾고 나니 살아가야 할 용기가 생기고, 심기일전하여 슬픈 마음을 추스르는 데 많은 도움이 되었다. 살면서 희망을 포기하는 것은 어리석고 또한 죄를 짓는 것과 다름없다는 사실을 가슴속에 깊이 새기고자 한다.

　나를 버리고 가족만을 위해서 단순하게 살자고 결심했다. 부탄(Bhutan) 사람들의 행복지수가 세계 상위라고 한다. 행복하게 사는 비결 4S, 즉 단순(Simple), 웃음(Smile), 작은 것(Small), 느림(Slow)의 철학 중 단순에 초점을 맞추기로 했다. 이제부터 개인의 복잡한 욕망이나 집착 등은 모두 내려놓고 단순하게 가족만을 위해서 살기로 했다. "먼저 내가 있고 그다음에 세계가 있다"는 쇼펜하우어의 말을 "먼저 가족이 있고 그다음에 내가 있다"는 역발상의 자세로 바꾸어 고통과 슬픔을 이겨내기로 한 것이다. 그러면서 나는 정말 이기적이라고 생각했다. 이 핑계 저 핑계 대면서 살 궁리를 하고 있기 때문이다. 나는 자신에게 너무 관대하고 상황에 따라 이런저런 변명과 대외명분을 만들어내는 아주 편의적이고 기회주의적인 존재 같다. 자식을 앞세우고도 밥 먹고 잠자고 살아갈 목표와 이유를 찾고 합리화시키고 있으니…. 그러나 어쩌겠는가, 산 사람은 살아야지.

삶의 근원적 본질은 고해다

사람은 살아가는 과정에서 항상 양면성(two faces)을 반복적으로 직면하게 된다. 모든 사람은 예외 없이 행복과 불행, 성공과 실패, 영광과 굴욕, 만남과 헤어짐, 건강과 질병, 풍요와 빈곤, 안락과 고통, 화합과 갈등, 안전과 불안, 후회와 만족, 희망과 절망, 삶과 죽음, 장수와 단명 등등 대립적이고 상반된 현상이 늘 자신의 곁을 떠나지 않았을 것이다. 또한, 좋은 일과 나쁜 일, 기쁜 일과 슬픈 일, 밝은 일과 어두운 일, 웃을 일과 화낼 일 등등 상반된 양면이 항상 숙명처럼 따라다녔을 것이다.

누구나 행복하고 밝은 삶을 원하나 꼭 그렇게 된다는 보장이 없다. 살면서 항상 좋은 일만 있는 것도, 그렇다고 항상 나쁜 일만 있는 것도 아닐 것이다. 누구나 없는 것도 많지만 가진 것 또한 많을 것이다. 사람에 따라서 즐거운 일이 더 많아 살맛 나는 행복한 사람도 있을 것이고, 반대로 슬픈 일이 걷잡을 수 없이 반복되어 정말 힘들어서 죽지 못해 살아가는 불행한 삶도 있을 것이다. 좋고 나쁘고 밝고 어두운 양면성은 누구에게나 존재하는 삶의 철칙이다. 굴곡된 삶과 평탄한 삶의 두 얼굴은 누구에게나 나타나기 때문에 피해 갈 방법이 없다.

나는 지방대와 비사관학교 출신이란 사실 때문에 군이나 대학에서 주변부 인생, 비주류 인생, 소수파에 속하는 인생이란 자격지심이 있었다. 누가 뭐라고 하거나 눈에 보이게 차별한 것은 아니지만 피해의식이 있었다. 그런 존재라는 열등의식 속에서 주눅이 든 적이 많았다. 또한, 나의 지난 삶을 되돌아보면 힘들고, 슬프고, 부족하고, 속상하고, 실망하고, 비통했던 일도 참 많았다. 반면에 자랑스럽고 자긍심 넘치는 일도, 즐겁고 기쁘고 행복하고 보람찬 일도 넘쳤다. 전반적으로 평탄한 길과 험한 길, 곧은 길과 굽은 길, 평지 길과 울퉁불퉁한 비탈길, 오르막길과 내리막길, 포장길과 비포장길 등을 두루 걸어봤다. 건방진 말같이 들리겠지만 인생의 단맛, 쓴맛, 짠맛, 신맛도 봤다. 평생을 영욕(榮辱)으로 점철된 삶을 살았다고 생각한다. 산전수전 겪으면서 행복과 불행, 기쁨과 슬픔이 반복된 삶을 산 것 같다. 누구나 피할 수 없는 삶의 두 얼굴을 번갈아 겪어봤다.

문제는 반복되는 두 가지 양면성을 어떻게 받아들이느냐가 매우 중요한 것 같다. 어느 쪽에 비중을 두느냐에 따라서 자신의 삶에 대한 평가가 달라질 수 있을 것이다. 사람이 사물을 바라보는 시각과 인식이 매우 중요하다. 내 인생을 망쳤다고 생각하면 잘못 산 것이고, 그래도 잘 살았다고 생각하면 잘 산 것이 된다. 자신의 지난 삶을 부정적으로 평가한다면 결과적으로 실패한 인생이 되는 것이다. 인식의 차이에 따라서 좋은 삶이나 나쁜 삶이 될 수도 있다. 앞서 언급한 바와 같이 세상사 마음먹기에 따라서 달리 보일 수밖에 없다.

이 세상에 완벽한 삶은 존재할 수 없다. 인생에는 정답이 없다. 또한, 인생은 편도이기 때문에 지난 삶에 아쉬움과 후회가 뒤따르게 마련이다. 나도 치열하게 살았지만 부족함도 안타까움도 많았다. 외길 인생에 미련을 갖는 것은 어쩌면 당연한 것이 아니겠는가?

그렇다면 나의 지난 삶을 어떻게 평가할 것인가? 지금 내 삶 전체를 평가하는 것은 이른 감이 있지만 헛되게 살았다는 생각은 하지 않았다. 비록 여건은 열악했지만, 의미 있는 삶을 살려고 열심히 노력했기 때문이다. 오히려 비주류나 소수파에 속한다는 소외의식이 와신상담(臥薪嘗膽)의 기회가 되었다고 자위하면서 살았다. 나의 약점과 위협요인은 전화위복의 동기가 되었고, 심기일전의 동인으로 작용했다고 긍정적으로 생각했다. 부족한 부분을 보강하려고 더욱 분발하고 노력하는 명분으로 삼았다. 그 결과 나는 더 많은 것을 얻었다고 좋게 생각하면서 살았다. 나는 비교적 성공한 삶을 살았다고 긍정적으로 평가했다. 나는 두드러지게 성공한 삶은 아니었지만, 그렇다고 실패한 것도 아니었다. 내가 잘못 살았다고 생각하는 대신 나름대로 보통 이상의 성공적인 삶이었다고 자평했다. 나의 지난 삶이 허무했고 의미가 없었고 헛살았다고 부정한들 달라질 것이 없기 때문이다. 좋은 게 좋다는 말과 같이 나의 삶을 좋게 생각했다. 삶을 부정적으로 평가하면 마음만 아프고, 열등감만 커지고, 자신감만 잃을 수밖에 없을 것이다. 적어도 딸이 죽기 전까지는 내 삶을 비교적 긍정적으로 평가하면서 살았다.

그런데 딸의 죽음은 나를 실패한 사람이라는 의식에 사로잡히게 하였다. 딸을 앞세운 죄인으로서 고개를 들 수 없었으며, 어떤 변명도 불가했다. 인생을 잘못 살아왔다는 생각이 나를 지배하였다. 금쪽보다 더 귀하고 귀한 자식을 잃었기 때문이다. 딸을 지키지 못한 통한은 지난 삶을 일거에 부정당하는 변곡점이 되었다. 그동안의 삶 전체가 그야말로 '헛되고 헛되었다'고 인식하는 상황에 이르렀다. 특히 불교에서 말하는 팔고(八苦)나 쇼펜하우어의 행복관과 인생관 등에 비추어 볼 때 더욱 그렇다.

불교에서 세상은 생고(生苦), 노고(老苦), 병고(病苦), 사고(死苦), 애별리고(愛別離苦), 원증회고(怨憎會苦), 구불득고(求不得苦), 오음성고(五陰盛苦) 등 인생의 팔고(八苦)가 존재하는 고통의 바다라고 한다. 에피쿠로스도 "육체에 고통이 없고 마음에 불안이 없는 평온함을 진정한 쾌락"으로 보았다. 니체는 『차라투스트라는 이렇게 말했다』에서 "'삶은 고통일 뿐이다' 이렇게 말하는 사람이 있는데 그건 거짓말이 아니다"라고 했다. 그리고 "삶이란 짊어지기에는 무거운 짐이다!"라고 했다. 오츠 슈이치는 "인생이란 부침이 심한 돛단배와 같다", "삶이란 고통일지 모른다"라고 했다.

쇼펜하우어는 『행복론과 인생론』에서 "어떤 사람이 얼마나 행복한지 대충 알아보려면 그가 어떤 일에 즐거워하는지가 아니라 어떤 일에 슬퍼하는지 물어보아야 한다"라고 했다. "가장 행복한 운명을 타고난 사람은 정신적으로뿐만 아니라 육체적으로도 그다지 큰 고통을 겪지 않고 살아온 사람이지, 대단히 큰 기쁨이나 엄청난 쾌락을 맛본 사람이 아니다", "행복한 삶은 고통 없이 사는 것이다", "고통은 적극적으로 느껴진다. 그 때문에 고통이 없다는 것은 삶의 행복을 재는 잣대다"라고 말했다.

쇼펜하우어는 『의지의 표상으로서의 세계』와 『쇼펜하우어 평전』에서 "인간은 승리자인 동시에 패배자라서 이기든 지든 상관없이 모든 경우에 고통을 감수해야 한다. 이런 고통이야말로 삶의 조건이다", 또한 "고통, 시련, 실패는 선박의 밸러스트(ballast)처럼 필수적인 것들"이라고 했다.

또한 "세상은 궁핍과 고통으로 넘친다. 존재 자체가 고통스럽고 비참하다. 이 세상은 고뇌의 세계가 아닐 수 없다. 행복은 꿈에 불과하지만 고통은 현실이다. 고통도 환희도 지나가버리는 것이니 세상을 지나쳐 가라. 아무것도 아닌 것이니 세상의 모든 것은 속 빈 호두와 같다. 인간은 그 본질상 근원적으로 이미 고통의 수중에 있으며 무서운 공허와 지루함에 빠져있는 것이다. 삶 자체는 암초와 소용돌이로 가득 찬 바다와 같다. 실존 자체가 고뇌이고 고통인 것이다. 모든 개인의 삶은 본래 하나의 비극, 인생의 본질은 다양한 모습을 한 고뇌로 가득 차있다. 모든 인간사는 고난의 역사이다. 세계 속에 있는 인간의 운명은 결핍, 비참, 비애, 고통, 죽음이다"라고 하였다. 더 나아가 "인간은 태어난 이유도 없고 죽는 이유도 없는 우리의 삶은 고통으로 가득 차있다", "인생 여정의 99%가 비극의 연속이다", "고통이란 삶의 본질적인 요소다"라고 했다.

나는 지난 삶을 보통 이상으로 잘 살아왔다고 긍정적으로 평가했지만, 불교에서 말하는 사고나 애별리고와 쇼펜하우어 등이 말하는 고통, 고난, 시련, 비애, 비극이란 관점에서 그렇게 평가하기 힘들게 되었다. 나는 인간에게 가장 큰 고통을 안겨주는 자식을 잃었기 때문이다. 삶에 대한 평가가 긍정에서 부정으로 기울 수밖에 없는 처지가 되었다. 딸을 잃고 '모든 삶은 근원적으로 고해'라는 말을 전적으로 공감하게 되었다. 이를 받아들이지 않으면 마음의 안정을 유지할 수 없었다.

고해가 삶의 본질인데, 나만 기쁘고 즐겁고 행복의 바다에서 살아가라는 법은 없을 것이라고 인정했다. 또한, 인생 여정의 99%가 비극의 연속이라는데, 나만 99% 희극이 있을 리도 만무하다고 생각했다. 살면서 기쁘고 재미난 일이 더 많아야 한다고 기대하면 결국 실망하게 되고, 오히려 절망감과 좌절감에 빠져 더 힘들 것이 분명하기 때문이다.

삶은 고통의 바다라는 인생의 본질을 이해하고 받아들이면서 스스로 위로받고 있다. 인생 자체가 그런 것을 나라고 예외가 될 수 없을 것이라고 자위하면서 용기와 힘을 얻었다. 사람이 살면서 아무런 고통도 겪지 않는 것은 불가능한 일이다. 고통 없이 사는 사람은 이 세상에 하나도 없을 것이다. 사람은 모두 정신적·육체적으로 크든 작든 어떤 형태든 다양한 고통을 감내하면서 살아갈 수밖에 없는 운명이다.

삶은 고통, 고난, 시련, 비극, 비애라는 사실을 받아들이는 자세가 중요하다. 그렇지만 인생을 너무 비관적으로 생각하거나 자포자기하는 것은 금물이다. 사람은 고통의 바다를 성공적으로 건너 새로운 세계와 목표에 도달하기 위해서 열심히 노력해야 할 것이다. 고해를 벗어나기 위해서 최선을 다해 노를 젓고 희망봉을 향해서 항해를 계속해야 할 것이다. 인생은 고통의 바다를 헤쳐나가 즐겁고 행복한 세상을 찾아가는 과정이라고 볼 수 있다.

삶의 본질이 고해라는 주장을 받아들였다. 인간 세상이 원래 이렇다는 사실을 인정하고, 그 바탕 위에서 살아갈 힘과 용기를 얻어야 한다고 생각한다. 그러면서 99% 비극의 연속인 인생을 희극이 더 많은 삶으로 만들도록 지혜와 슬기를 모았으면 좋겠다.

모든 재앙은
견뎌내야 한다

　　　　　사람이 살면서 재앙을 전혀 만나지 않는 경우는 드물 것이다. 국어사전에서 재앙을 "뜻하지 않게 생긴 불행한 변고(變故), 또는 천재지변으로 말미암아 생긴 불행한 사고"라고 정의하고 있다. 출애굽기에 열 가지 재앙 이야기가 있다. 삶의 과정에 누구나 크든 작든, 심하든 미미하든 뜻밖의 사건이나 사고를 당하는 경우가 있게 마련이다. 국가나 사회에도 재앙은 끊임없이 발생한다. 코로나 재앙 때문에 전 세계인이 몇 년째 힘들어하고 있다. 인재(人災)나 자연재해 등 모든 재앙을 완전하게 피할 수만 있다면 얼마나 좋겠는가?

　뜻밖에 끔찍한 재앙을 만나면 누구나 넋을 잃고 망연자실하게 된다. 그러면서 원인 규명과 극복방법을 모색하게 된다. 재앙이 닥쳤을 때 개인의 경험이나 성격 등에 따라서 대처방식과 느끼는 충격의 강도가 다를 것이다. 누구는 재앙에 현명하고 슬기롭게 대응하고 쉽게 수습하기도 하고, 반대로 당황하고 쩔쩔매면서 힘겨워하는 사람도 있을 것이다. 재앙을 감지하고 대응하는 태도에는 개인차가 분명히 있을 것이다. 국가는 각종 재앙을 처리하는 정치 리더십과 정부의 대응 여하에 따라서 위기관리능력을 평가받는다. 정부나 기업 등에서는 예기치 않은 사건과 사고에 대비하여 우발계획(contingency plan)을 세우고, 매뉴얼을 준비하고, 시뮬레이션을 통해서 수시로 점검한다.

내가 당한 평생 잊을 수 없는 큰 재앙은 두말할 필요도 없이 둘째 딸의 죽음이었다. 바이킹 속담에 "인간의 가장 큰 슬픔은 가까운 가족과의 이별"이라고 했다. 칼 필레머(Karl Pillemer)는 『이 모든 걸 처음부터 알았더라면(30 Lessons for Loving)』에서 "부모 된 자에게 가장 큰 고통은 자녀의 질병과 죽음"이라고 했다. 주변을 둘러봐도 자식을 잃은 고통을 경험한 친구는 다섯 손가락 안에 든다. 그런데 나도 거기에 포함되고 말았다. 뜻밖에 큰 재앙을 당하고 놀라지 않을 수 없었으며, 멘붕 상태가 되었다. 이 세상에 태어나서 가장 슬프고, 가장 가슴 아프고, 가장 심각하고, 가장 끔찍한 일이 아닐 수 없었다. 죽을 때까지 결코 잊을 수 없고, 절대 잊어서 안 되는 기막힌 슬픔이다. 숱한 고초를 겪어봤지만 이보다 크고 깊고 충격적인 재앙은 없었다. 그 상처는 아직도 아물지 않았고 가슴을 후벼 파고 있다.

평생 살면서 이런 재앙을 당하리라고는 상상하지 못했다. 그런데 나에게도 이와 같은 불의의 재앙이 닥친 것이다. 자식의 죽음 앞에 의연한 모습을 보인다는 것은 여간 힘든 일이 아니었다. 마음의 평정을 되찾을 수 있는 복원 능력의 범위를 훨씬 벗어났다. 내가 감당할 수 없는 인생 일대의 큰 충격이었다. 정신건강에 과부하

(overload)가 걸려 교감신경과 부교감신경의 균형이 깨지는 후유증이 나타났다. 아무리 독하게 마음먹고, 이래서는 안 된다고 굳게 다짐해도 내 마음을 내 의지대로 통제할 수 없었다. 자율신경이 정상적으로 작동되지 않아 결국 병원을 찾는 상황이 되었다. 다행스럽게 지금은 내가 내 마음의 주인 노릇을 거의 할 수 있게 되었다.

쇼펜하우어는 『행복론과 인생론』에서 "이미 어떤 불행한 사건이 일어나 더 이상 어쩔 수 없게 된 경우, 이렇게 되지 않을 수도 있었을 텐데, 어떻게 하면 그 일을 사전에 방지할 수 있었을까 하는 생각은 하지 않는 것이 좋다. 그러다간 참을 수 없을 만큼 고통이 커져서 자학하고 만다"고 하였다. 그렇다. 피할 수 없었던 불의의 재앙을 사전에 막지 못한 불찰에 대하여 자학한다면 죄의식 때문에 견디기 더 힘들어진다. 이렇게 했더라면 그런 불상사가 일어나지 않았을 텐데 하는 아쉬움과 안타까운 마음 때문에 더 많은 회한에 시달리게 된다.

쇼펜하우어는 다윗 왕을 예로 들었다. "아들이 병상에 누워있는 동안에는 끊임없이 애원하고 간청하며 여호와를 귀찮게 했지만, 아들이 막상 죽고 나자 가볍게 무시하고는 더 이상 그것에 대해 생각하지 않았다"고 한다. 또한, "개개인은 자신이 소망하는 모든 것 중에서 극히 작은 일부분밖에 손에 넣지 못한다. 하지만 수많은 재앙은 누구나 당할 수 있다는 사실을 항상 명심하고 우리의 소망에 하나의 목표를 세워 욕구는 자제하고 분노는 억제해야 한다. 즉 한마디로 말해 단념하고 견뎌내야 한다"고 했다.

이론적으로 맞다. 하지만 막상 자식을 잃고 나면 아무리 독한 마음을 먹더라도 평범한 부모는 다윗 왕과 같이 쉽게 정리하지 못한다. 가슴속에서 불현듯 솟아나는 그리움, 슬픔, 분노, 죄의식, 기막힌 심정, 보고 싶은 마음 등을 억제하는 것은 말과 같이 그리 쉬운 일이 아니다. 박완서는 외아들을 먼저 떠나보내고 "하나님은 제아무리 독한 절규에도 애타는 질문에도 대답이 없었고, 내 경우 고통은 극복되지 않았다. 그 대신 고통과 더불어 살 수 있게 되었다"고 했다.

다윗 왕처럼 된다면 슬픔을 견디고 평상심을 회복할 수 있을 것이다. 그렇지만 일반 부모가 자식의 죽음을 단념한다는 것은 전혀 불가능한 일이다. 어떤 사람은 위로한답시고 "이제는 그만 잊으라"고 한다. 자식을 앞세운 부모의 마음을 몰라도 너무 모르는 한가한 소리다. 자식이 죽은 것을 잊으라니 당치도 않은 말이다. 유가족에게는 "내가 당해보지 않아서 잘 모르겠는데, 정말 많이 힘들 것 같다"는 말이 가장 적합한 위로의 말이 된다.

홍성욱은 『인문학 명강』에서 아인슈타인은 여자 친구와의 사이에서 딸을 하나 낳아 입양시켰는데 평생 한 번도 찾지 않았다고 소개했다. 아빠가 어떻게 그렇게 매정할 수 있을까 놀라지 않을 수 없다. 하지만 살아있는 자식을 평생 찾지 않고 단념한 아빠와 자식을 잃고 슬퍼서 몸부림치는 아빠의 마음을 비교할 수는 없을 것이다. 자식의 죽음에 대하여 다윗 왕과 같이 단념하기보다는 차라리 박완서처럼 평생 고통과 더불어 살아가는 것이 훨씬 더 현실적인 해법이라고 생각한다. 나는 자식을 잃은 애통함은 죽을 때까지 치유될 수 없다는 사실을 깨달았다. 영원히 아물 수 없는 마음의 커다란 상처를 안고 참으면서 그냥 그렇게 살아갈 수밖에 없을 것이다.

　그렇지만 고통을 가슴속에 묻고 가든 머리에 이고 가든 무슨 수를 써서라도 이겨내도록 노력해야 한다. 신약 야고보서에 "시련을 정면으로 맞서서 견뎌내는 사람은 대단히 복된 사람"이라는 구절이 있다. 재앙과 시련을 극복하지 않으면 너무 힘에 부쳐서 살아갈 수 없다. 어떻게든 이겨내야 한다. 쇼펜하우어는 『행복론과 인생론』에서 "일어나는 모든 현상은 아무리 큰 것에서 아무리 작은 것에 이르기까지 '필연적으로 일어나게 마련이다'라는 진리를 확신하면 우리는 우리에게 닥친 재앙을 의연하게 견딜 수 있다"고 했다. 먼저 재앙의 필연성을 인정해야 마음의 안정을 찾을 수 있을 것이다. 누구도 피할 수 없는 재앙이라면 일단 받아들이고, 극복방법을 찾아야 할 것이다. 아무리 큰 재앙이 닥쳐도 절망하지 않고 자신만만하게 대처했으면 좋겠다. 사람이 못하는 게 뭐가 있겠는가?

삶은 끊임없는
문제로 얽혀있다

『쇼펜하우어 평전』에는 "우리는 한 가지 불행을 피하면 다른 불행과 마주친다"라는 말이 있다. 정재현은 『인생의 마지막 질문』에서 "우리 삶은 끊임없는 문제로 얽힐 수밖에 없다"고 했다. 사는 게 그리 단순하지 않다. 세상이 그리 만만하지도 않다. 세상은 복잡한 문제로 얽히고설켜있다. 삶의 과정에 하루도 바람 잘 날 없는 것이 자연적인 현상이다. 문제가 하나도 없는 사람은 이 세상에 존재하지 않을 것이다. 그렇다. 문제없이 사는 것은 불가능하다. 살면서 문제를 완전하게 없애는 것 또한 쉽지 않다. 정재현은 또한 "지금 눈앞에 보이는 문제를 해결하더라도 바로 다음 순간 새로운 문제들이 언제나 튀어나온다"라고 했다. 기억력과 사리 분별력이 떨어져서 문제가 무엇인지 인지하지 못하는 환자가 아닌 이상 누구나 문제 앞에 서있게 마련이다. 사람은 죽는 날까지 온갖 문제와 싸우면서 살아갈 수밖에 없는 운명이라고 볼 수 있다.

운(運)의 총량 법칙을 말하는 사람이 있다. 사람은 누구나 건강, 재산, 명예, 가족, 인간관계 등 다섯 가지 요소의 총량을 갖고 태어난다는 것이다. 하나가 흡족하면 또 다른 어떤 것인가가 부족하여 결국 다섯 가지 요소를 합산하면 결과적으로 총량은 같다는 것이다. 예를 들면 재산은 많은데 자식이 속을 썩인다거나, 명예는 높은데 인간관계가 나쁘다든가, 아주 건강한데 돈이 없다든가 등등 모든 것을 골고루 다 갖춘 사람은 없다는 의미다. 다른 말로 부자든 가난한 사람이든, 건강한 사람이든 허약한 사람이든, 유명한 사람이든 그렇지 않은 사람이든 한 가지 이상의 문제는 반드시 안고 산다는 것이다. 모든 것을 골고루 다 갖추고 부족한 것 하나도 없이 완벽하게 사는 사람을 찾기는 쉽지 않을 것이다.

쇼펜하우어는 『행복론과 인생론』에서 행복의 세 가지 조건을 제시했다. 인간의 운명이 차이가 나는 것을 ① 인격, 건강, 힘, 아름다움, 기질, 도덕성, 예지와 예지의 함양 등 인간을 이루는 것, ② 재산이나 소유물과 같은 인간이 지닌 것, ③ 명예, 지위, 명성 등 인간이 남에게 드러내 보이는 것 등으로 나누었다. 위 세 가지 기준을 어떻게 정의하고 평가의 잣대를 어디에 둘 것인지는 전적으로 개인의 몫이다. 사람의 욕망은 끝이 없으므로 인간을 이루고 있는 것, 인간이 지닌 것, 남에게 드러내 보이는 것 등의 기준은 개인이 정해야 한다. 사회에 통용되는 객관적인 기준이 없기 때문이다.

문제는 세 가지 조건을 모두 갖춰 어느 하나 부족한 것 없이 진짜 행복을 누리는 사람이 존재하느냐 하는 것이다. 나는 아닐 것이라고 믿는다. 어느 하나의 조건은 충족되었지만, 다른 조건은 모자라는 경우가 있을 것이다. 행복의 모든 조건을 완벽하게 갖추는 것은 불가능한 일이고, 항상 아쉬움과 문제가 있게 마련이다. 왜냐하면 자원은 희소하고, 인간의 탐욕은 한도 끝도 없기 때문이다.

리처드 칼슨(Richard Carlson)은 『우리는 사소한 것에 목숨을 건다(Don't Sweat the Small Stuff and It's All Small Stuff)』에서 "인간이 한 가지 일이 끝났다고 생각하면 곧 또 다른 일이 찾아오는, 끝임없이 반복되는 뫼비우스의 띠(Mobius Strip)와 같다"고 했다. 그렇다. 인생은 안팎의 구별이 없는 도형처럼 끝없이 반복되는 문제를 안고 산다. 사람은 죽음에 이르러서야 비로소 문제로부터 완전하게 해방될 수 있을 것이다. 당면했던 절박한 문제가 해결되면 또 다른 문제가 연이어 꼬리를 물기 때문이다. 사람이 살아가는 과정에 끝임없이 문제에 직면하고, 그 문제를 풀기 위해서 열심히 노력한다. 나는 삶이란 연속적으로 마주치는 문제와 투쟁하는 과정이라고 생각한다. 삶이란 끝없이 나타나는 문제의 솔루션을 찾기 위해서 부단하게 노력하는 과정이라고 볼 수 있다. 그렇지만 당면한 문제를 완벽하게 해결하지 못한 채 세상을 떠나는 것이 인간의 한계가 아니겠는가?

따라서 나와 똑같이 자식을 잃은 슬픔과 고통에 직면했을 때, 왜 나만 이렇게 힘든 문제와 싸워야 하는가 하고 원망할 필요가 없다. 사람은 누구나 크고 작은 차이가 있을 뿐 문제로부터 완전하게 해방될 수 없다는 사실을 인정해야 한다. 인생은 문제투성이라는 사실을 받아들이고, 문제를 안고 살아갈 수밖에 없는 운명이고 또한 피할 수 없는 현실이라고 수용한다면 위안이 될 수 있을 것이다.

이 세상 모든 사람은 크든 작든 반드시 한 가지 이상의 문제가 있다는 사실을 당연한 것으로 받아들여야 나만 문제가 있다는 생각을 떨칠 수 있게 된다. 사람은 죽는 그 순간까지 문제를 안고 문제와 더불어 살아갈 수밖에 없는 운명이다. 정재현은 "문제를 옆에 두고서라도 삶을 즐길 방법을 찾으라.… 문제는 해결되어 없어져야 하는 것이 아니라 오히려 삶의 결이고 무늬다"라고 말했다. 해결하기 어려운 문제에 직면하더라도 이 또한 피할 수 없었던 것이며, 곧 지나갈 것이라고 받아들이면서 쓰러지지 말고 뚜벅뚜벅 앞으로 걸어가야 할 것이다. 당면한 문제를 지혜롭게 풀 수 있는 해법을 찾기 위해서 열심히 연구하고 노력하는 자세로 살았으면 좋겠다.

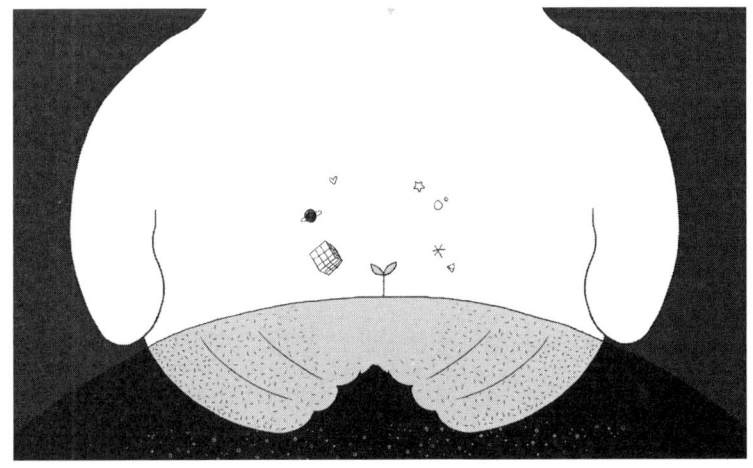

나만 예외적인 존재가 될 수 없다

딸의 죽음은 우리 가족 모두에게 너무 큰 충격이었다. 내 삶의 모든 뿌리를 통째로 뒤흔든 엄청난 사건이었다. 평생 이렇게 고통스럽고 원망스럽고 후회막심한 일은 없었다. 자식의 죽음은 누구도 경험해서는 안 되는 인생 최대의 불행이고 비극이다. 딸의 사망 소식을 접하고 받은 충격은 이루 말할 수 없을 정도로 컸다. 너무 놀라서 머리가 멍하고 정신이 아찔했다. 한동안 넋을 잃었다. 감당할 수 없는 이런 큰일이 내 앞에 닥쳤다는 현실이 도저히 믿어지지 않았다. 딸이 내 곁을 영원히 떠났다는 사실이 아직도 거짓말 같다. 금방 '아부지' 하면서 어디선가 달려올 것만 같다.

사랑하는 자식을 묻고 나니 세상이 달리 보였다. 내가 이 세상에서 가장 슬프고 불행하고 박복한 사람 같다는 생각이 든 것이다. 내가 무엇을 잘못해서 이런 비극이 찾아왔는지 원망스러웠다. 평소 나에게 이렇게 충격적인 일이 일어날 것이라곤 상상조차 하지 못했기 때문에 그 후유증은 더 컸다. "왜 나에게 이런 일이…"라는 탄식과 반성을 하지 않을 수 없었다. 오그 만디노(Og Mandino)는 『후회 없이 살기 위해 더 늦기 전에 꼭 해야 할 일(The Fifty Rules for the Better Life)』에서 "세상은 언제나 공평하지만은 않다"고 했다. 그렇다. 세상은 절대 공평하지 않다는 사실을 익히 알고 있었지만 '왜 하필 나에게 이런 불행한 일이 일어났느냐'고 원망하지 않을 수 없었다.

미국 46대 대통령 조 바이든(Joseph Robinette Biden, Jr.)은 교통사고로 부인과 딸을 동시에 잃었고 그 후 장남까지 뇌암으로 사망하였다. 아내와 딸을 잃고 슬픔에 잠겨 자살하는 사람들의 심정을 이해하는 계기가 되었다던 바이든은 어느 만화를 보고 위안이 되었다고 한다.

그 만화는 미국의 유명 작가 딕 브라운(Dik Browne)의 「공포의 헤이가르(Hagar the Horrible)」이다. 바이킹인 헤이가르는 폭풍우를 만나서 배가 벼락에 맞아 좌초되자 신을 원망하면서 "왜 하필 나야?(Why me?)" 하고 소리쳤다고 한다. 그러자 신은 "너는 왜 안 되냐?(Why no?)"고 되물었다고 한다. 바이든은 힘들 때마다 이 만화를 보면서 슬픔을 삭이고 겸손한 생각을 하게 되었으며 용기를 얻었다고 한다. 내가 어째서 아내와 딸을 동시에 잃어야 하는가 원망하는 대신 나라고 이와 같은 슬픈 일이 일어나지 말라는 법이 없다는 사실을 인정한 것이다. 바이든은 좌절하지 않았고 팔십 가까운 나이에 미국의 대통령직에까지 올랐다.

얀테의 법칙(Law of Jante)이 있다. 악셀 산데무세(Aksel Sandemose)의 풍자소설 『도망자는 앞길을 가로막는다(A Fugitive Crosses His Tracks』에서 유래한 것으로 열 가지 법칙이 있다.

① 당신이 특별하다고 생각하지 마라.
② 당신이 남들만큼 좋은 사람이라고 생각하지 마라.
③ 당신이 남들보다 똑똑하다고(smarter) 상상하지 마라.
④ 당신이 남들보다 더 낫다고 생각하지 마라.
⑤ 당신이 남들보다 더 많이 안다고 생각하지 마라.
⑥ 당신이 남들보다 더 중요하다고 생각하지 마라.
⑦ 당신이 모든 일을 잘한다고(good at anything) 생각하지 마라.
⑧ 당신은 남들을 비웃지 마라.
⑨ 당신은 누군가 당신을 걱정할 거라고 생각하지 마라.
⑩ 당신은 남들에게 무엇이든 가르칠 수 있을 거라고 생각하지 마라.

자신이 남들보다 특별한 사람, 더 좋은 사람, 더 똑똑한 사람, 더 나은 사람, 더 많은 것을 아는 사람, 더 중요한 사람, 일을 더 잘하는 사람, 남을 가르칠 수 있는 사람이라고 생각하는 것은 한마디로 교만이다. 남보다 우위에 있다고 생각하는 것은 착각이며, 기고만장한 태도다. 자기는 뭔가 남과 다르게 특별한 대우를 받아야 하고, 반드시 남들보다 더 크게 성공해야 한다는 생각은 특권의식과 우월주의 소산이다.

그렇다. 나는 특별한 사람도, 잘난 사람도, 똑똑한 사람도 아니다. 나는 평범한 보통 사람이다. 그런데 나만이 자식을 앞세우는 비극적인 일을 겪어서는 안 된다는 법이 존재하겠는가? 내가 뭔데? 별난 사람도 아닌 내가 인간사에서 흔하게 일어나는 슬픔과 고통을 예외적으로 피해 갈 것이라고 기대하는 것은 오산이다. 이와 같은 비극은 누구에게나 언제 어디서든 일어날 수 있기 때문이다. '왜 나야! 왜 나에게 하필 이런 슬픈 일이 일어났느냐'고 원망하고 탓하는 것은 결코 해법이 아니었다. 사람 사는 세상에서 끊임없이 반복되는 이런 현상을 나만이 피해 갈 수 없다고 생각했다. 나 혼자만 예외적인 존재로 살아갈 수 없다.

아우구스티누스는 "당신이 슬프고 괴로운 일에 부닥쳤거든 지금 일어나고 있는 일들은 앞으로도 있을 것이며, 나뿐만 아니라 다른 사람들도 당하고 있는 일이라 생각하라"고 했다. 에이미 모린은 "자신만이 특별하다는 생각을 버려라", "세상이 당신에게 줄 당연한 몫이란 존재하지 않는다… 내 문제만 특별하지 않다"라고 했다. 위지안도 "한때는 나만이 아프다고 생각했고, 그게 너무 억울해서 세상을 경멸했고 증오했다. 하지만 이제는 안다. 내가 아무리 아파도, 세상에는 나보다 더 가슴이 아픈 사람이 있다는 것을"이라는 내용을 보면서 깨달았다.

세상에는 나보다 더 힘든 사람이 숱하게 많고, 나라고 예외적인 존재가 될 수 없다는 생각을 했다. 나에게만 이런 비극적인 일이 일어난 것은 결코 아닐 것이기 때문이다. 나만 예외적이고 특별한 존재가 될 수 없다. 쇼펜하우어는 『행복론과 인생론』에서 "모든 불행과 모든 고뇌를 겪을 때 가장 효과적인 위안은 우리보다 더 불행한 자들을 바라보는 것"이라고 했다. 또한 "세상에 부러워할만한 사람은 아무도 없는 반면, 매우 슬퍼해야 할만한 사람은 무수히 많다"고

하면서 "나는 인생을 견뎌냈다"는 말을 멋진 표현이라고 했다. 내 주위에는 나보다 훨씬 더 힘들고 더 어려운 사람들이 많다. 나보다 더 큰 슬픔, 더 혹독한 시련, 더 끔찍한 재앙 등을 겪고 신음하는 사람들이 많다. 나에게만 유독 이런 비극이 일어난 것은 결코 아니라고 생각하면서 위로를 받을 수 있었다.

'남은 안 그런데 왜 나 혼자만 이렇지'라는 생각을 버려야 한다. 왜 나만 이런 고난과 시련을 겪어야 하느냐고 원망하고 탄식한들 해결되지 않는다. 다른 사람은 안 그런데… 왜 나만 이러냐고 비교하기 시작하면 고통은 더 심해질 수밖에 없다. 하루도 바람 잘 날이 없는 것이 인생이다. 신약 누가복음에 "삶이 온통 재미와 놀이인 줄 알면 화가 있다. 고난이 기다리고 있고, 그 고난이 너희에게도 닥칠 것이다"라는 구절이 있다. 고난이 나만 비껴가는 특별하고 예외적인 존재가 될 수 없다는 사실을 받아들여야 누굴 원망하거나 운명을 저주하고 불행에 몸서리를 치는 일이 줄어들 수 있을 것이다. 세상만사가 다 그렇고 그런데, 나라고 뾰족한 수가 있겠는가?

세상에는 예외가 존재하지 않는다는 사실을 인정하면서도, 내심 '혹시 나에게만 특별하게 좋은 일이 생기지 않을까'라고 기대하는 것은 보통 사람들의 일반적인 심정이다. 그렇지만 '고통이나 시련이 나만은 비켜 가겠지'라고 요행이나 우연과 기적을 바라는 것은 현명한 태도가 아닌 것 같다. 쇼펜하우어는 『행복론과 인생론』에서 "인간끼리 서로를 부를 때 아무개 씨, 아무개 선생이라고 하는 대신 고통의 동지라고 하는 게 적합하다는 생각이 들지 모른다"라고 했다.

고난과 고통은 누구나 예외 없이 언제든지 겪을 수 있다는 의미라고 해석할 수 있다. 그렇다고 닥치지도 않은 일을 노심초사하며 불안해하는 것은 스스로 볶는 것이나 다름없다. '세상이 나에게 줄 당연한 몫은 존재하지 않는다'는 사실을 일단 받아들이면 욕심이 사라진다. 세상에 예외가 없다고 생각하면 특별하거나 허황한 꿈을 꾸는 일은 줄어들 것이다. 그리고 많은 것을 내려놓을 수 있을 것이다. 그렇지만 자포자기나 자학은 금물이다.

06
딸을 잃고 깨달은 삶과 죽음

누구나
어차피 죽는다

　　　내 곁을 영원히 떠나는 사람들이 주위에 점점 더 늘어나고 있다. 가족은 물론 친척 선후배 친구들도 하나둘씩 세상을 등지고 있다. 날이 갈수록 지인들의 부음이 자주 전해진다. 가까운 가족과 영원히 헤어지는 것은 정말 슬픈 일이다. 모든 집안에 애사(哀事)가 있게 마련이다. 형제자매가 많은 경우 태어난 순서와 무관하게 앞서거니 뒤서거니 세상을 떠나는 일이 비일비재하다.

　누가 죽었을 때 느끼는 슬픔과 고통의 강도는 그 사람 생전에 그를 얼마나 많이 사랑했느냐에 비례한다고 하지 않던가. 이 세상에서 제일 많이 사랑했던 사람이 곁을 떠났을 때 느끼는 고통은 그만큼 크다고 한다. 자식을 앞세운 부모가 겪는 비통(悲痛)은 이 세상에서 가장 참담하다고 하지 않을 수 없을 것이다. 부모의 자식에 대한 지고지순한 사랑은 본능적이기 때문이다. 설사 불효자일지라도 부모의 사랑은 똑같을 것이다.

　아버지와 장인 장모는 노환으로 돌아가셨다. 천수를 다했지만, 풍수지탄의 마음은 늘 떠나지 않는다. 오늘의 나를 있게 해준 분들이다. 아버지는 "개암도 과실이다", "세상을 깔보지 말라"고 늘 말씀하셨다. 허황된 꿈을 버리고 낮은 자세로 겸손하게 살라는 가르침을 주셨다. 장인은 다양한 공직 경험을 통해서 터득한 "상황이 복잡할 때는 원칙대로 하라"는 일처리 방법을 알려주셨다. 아버지와 장인의 큰 은혜에 보답하지 못하여 늘 죄송스러운 마음이다.

누나는 40세를 조금 넘기고 지병으로 내 곁을 떠났다. 누나는 무척 예뻤다. 성격도 활달했다. 배포도 컸다. 정도 많았다. 사랑도 넘쳤다. 구질구질하지 않았다. 화끈하고 시원한 성격이었다. 암 선고를 받고도 호들갑을 떨지 않았다. 불치병에 걸렸는데도 의연하고 침착했다. 어머니가 누나의 투병 모습이 너무 안타깝고 가슴이 아파서 우시니까 "엄마, 사람은 누구나 죽음을 피할 수 없는 숙명인데, 조금 더 살고 덜 사는 게 뭐 그리 중요하냐"고 하면서 오히려 어머니를 위로했다고 한다. 애지중지하는 어린 자녀를 두고 세상을 먼저 떠나야 하는 야속한 운명이 마음 아프고 쓰리고 속이 타서 부글부글 끓었겠지만 내색하지 않았다. 소심하고 우유부단한 나와는 달랐다. 아버지는 "네 누나가 남자로 태어났으면 정말 큰 인물이 되었을 것"이라고 늘 말씀하셨다. 여장부 기질이 강했다.

내가 미 해병대 고등군사반 유학을 갈 때, 환송차 김포공항에 나왔던 누나가 1975년 가을 나에게 보낸 편지를 발견하고 내용 일부를 소개한다.

기쁘고 착잡한 마음으로 동생의 자랑스러운 모습을 보며 무언의 행운을 빌어줄 뿐 뭐 하나 뚜렷하게 해주지 못하고 돌아온 누나의 마음은 섭섭하기만 하구나… 남들이 갈 수 없는 곳이기 때문에 대견하고 자랑스럽고 기다리는 보람 또한 크겠지. 모두가 생소하고 생활습관이 다른 타국에서 힘들고 애로가 많겠지만 꾸준히 노력하여 새로운 지식을 많이 얻고 귀국하길. 그저 누나로서 부탁하고 싶은 것은 건강하게 잘 있다는 소식 자주 듣고 싶은 것뿐이야.

1988년 봄 박사학위 논문 초안을 완성하고 너무 기뻐서 날밤을 새우고 있는데 누나가 위독하다는 연락이 왔다. 누나와 통화하면서 누나도 울고 나도 울었다. 정말 둘이 많이 울었다. '누나 사랑한다'라는 말을 한 기억은 없지만 "누나, 열심히 기도할게"라고 분명히 말했다. 신앙심이 남다른 누나에게 기도한다는 말이 가장 큰 위로가 될 것이란 생각 때문이었다. 누나는 나와 통화를 한 날 내 곁을 영원히 떠났다. 되돌아올 수 없는 먼 길을 혼자 갔다. 누나를 이 세상에서 두 번 다시 볼 수 없게 된 것이다. 유학 중이라 누나 장례식에 참석하지 못했다. 누나의 마지막 가는 길을 배웅하지 못한 것이 미안하다.

누나는 타고난 명(命)이 짧았다. 오랜 투병생활 때문에 많은 고통을 겪다가 너무 일찍 세상을 떠난 누나가 몹시 그립다. 누나 생전에 '사랑한다'는 말을 하지 못한 것 같아 미안하다. 우리는 일반적으로 '사랑한다'는 말을 하거나, 또 그런 말을 듣는 것에 익숙하지 않다.

오츠 슈이치의 책은 "당신은 소중한 사람들에게 사랑한다는 말을 건넨 적이 몇 번이나 되는가?"라고 묻는 것으로 시작한다. '사랑한다'는 말을 남용해서도 안 되지만, 그렇다고 너무 인색할 필요가 없을 것 같다. 소중한 사람들에게 사랑한다는 말을 아끼지 말아야 할 것이다.

그해 연말에 통과한 박사학위 논문을 누나에게 봉정했다. 첫 장에 "나의 사랑하는 누나를 추모하며(To the Memory of My Beloved Sister GP Hong, 1947~1988)"라고 썼다. 귀국하자마자 누나 묘를 찾아 학위 논문을 앞에 놓고 넋을 놓고 울었다. 누나의 영원한 안식과 평화를 빌었다.

손아래 처남은 리비아(Libya) 수도 트리폴리(Tripoli) 항공기 추락사고로 30대 초반에 세상을 떠났다. 미남에 베풀 줄도 알고 의리가 있었는데 젊은 나이에 사고를 당했다. 출국 날짜를 두 번씩 연기하다 하필 사고가 난 비행기를 탔다. 기구한 운명이다. 공항 출국장에서 헤어질 때 악수를 하는데 갑자기 울먹였다. 나는 뭔가 모르게 처남과 마지막이 될지 모른다는 불길한 예감이 스쳤다. 공항에서 손을 흔들며 환송한 것이 처남과 마지막 인사가 되고 말았다. 헤어진 지 한나절 만에 내 곁을 떠났다.

누나가 돌아가시고 15년 후에 매형도 저세상 분이 되었다. 교육관이 뚜렷한 참스승으로 제자들로부터 많은 존경과 사랑을 받았다. 따르는 제자들이 무척 많았다. 실력도 짱짱하고 겸손하고 반듯한 선생님이었다. 첫째 여동생 남편인 매제도 세상을 등졌다. 직업군인 출신답게 솔직담백하고 단순명쾌했던 사나이 중의 사나이였다. 나보다 나이가 많은데도 나를 형님으로 깍듯하게 대하면서 예의를 차릴 줄 아는 매제였다. 둘째 계수도 지병으로 너무 일찍 하늘나라로 떠났다. 계수는 머리가 명석하고 영리했던 매우 유능한 선생님이었다. 올곧고 사리 분별이 정확하고 정도 남달라 친척들에게 많은 것을 베풀었지만 천수를 다하지 못했다.

막내 여동생도 60대 초반에 세상을 떠났다. 2020년 3월 초 4년 전 수술한 암이 재발하여 의식을 잃고 쓰러져 응급실로 실려 와 이제 정신이 들었다는 동생의 전화를 받았다. 깜짝 놀라지 않을 수 없었다. 자정 무렵이었지만 당장 병원으로 달려갔다. 병원에 가보니 동생은 복수가 찬 상태에서 얼굴이 퉁퉁 부어있었다. 중환자실로 옮기면 영영 볼 수 없을 것이라고 했다. 부둥켜안고 울면서 "이게 어찌 된 일이냐? 왜 이렇게 될 때까지 알리지 않았느냐"고 원망했다. 얼굴을 어루만지면서 껴안고 "부족한 오빠를 용서해줘. 네 맘 불편하게 한 것 있으면 이해해줘. 부모 형제들을 위해서 헌신적이었던 동생이 너무 고마워. 미안해. 동생, 많이 사랑해"라고 말했다.

동생은 "오빠, 나 그동안 너무 행복했어. 고마웠어. 엄마와 형제들에게 미안해요. 살아오면서 제 능력과 비교해서 많은 대우를 받았고, 애들도 다 잘되고 이만큼 잘 산 것에 대해 늘 감사한 마음이었어. 살아오면서 모든 일이 내 뜻대로 잘 풀려서 호사다마(好事多魔)라고 혹시 나쁜 일이 생기지 않을까 늘 불안했었어. 손자들 재롱 다시는 볼 수 없는 것이 가슴 아프지만, 더 살아봐도 그동안 살아온 것과 별반 다를 것이 없을 것 같아. 인생 별거 아니잖아"라고 했다. 죽음을 앞에 놓고 너무 담담했다.

다행스럽게 중환자실에서 나와 치료 중인 여동생과 3개월 동안 카톡 문자를 매일 주고받았으며, 문병을 원치 않았지만 억지로 몇 번 만났다. 말기 암으로 사투 끝에 더 치료할 방법이 없으니 안타깝지만 호스피스 병원으로 옮기라는 최후통첩을 받았다는 연락이 왔다. 동생은 의사의 최종적인 판단을 통보받고 "선생님, 저를 마지막으로 한 번만 안아주세요"하면서 그동안 너무 감사했다는 작별 인사를 했단다. 그리고 간호사들에게 일일이 고맙다는 인사를 전했다고 한다. 죽음을 선고받은 막다른 상황에서도 침착하고 의연하게 마지막 인사를 전한 동생의 모습은 보통 사람으로서는 감히 상상조차 할 수 없는 일이다.

퇴원하는 날 오전 일찍 병원에 갔더니 오빠 왔느냐고 하면서 한쪽 눈만 살짝 떴다가 도로 감았다. 눈물이 펑펑 쏟아졌다. "동생, 많이 힘들구나. 부족하고 못난 오빠를 용서해줘. 미안해"라고 했더니, 들릴락 말락 작은 목소리로 "오빠가 무슨 잘못이 있어. 제가 미안해요. 오빠 저를 용서해줘요"라고 말했다. 아직 의식이 있는 상태고 마지막 작별 인사를 나눌 기회가 있을 것 같아 더는 대화를 이어가지 않았고 누워있는 동생의 얼굴을 쓰다듬고 손과 발을 어루만지면서 망연자실(茫然自失)하지 않을 수 없었다. 그런데 이것이 동생과 나눈 마지막 대화가 될 줄이야. 호스피스 병원으로 옮기고 다음 날 하늘나라로 떠났다.

여동생의 성품은 누나와 닮은 점이 많았다. 여장부 같았다. 배짱도 두둑했고 결단력도 있고 리더십도 뛰어났다. 동생은 직장에서 조직 장악력이나 추진력 그리고 많은 업적을 남기는 뛰어난 실력을 발휘하였다. 형제들 간에 논쟁거리가 생기면 이 눈치 저 눈치 살피지 않고 옳고 그름을 분명하게 밝히는 정의로운 성격이었다. 옳은 말만 골라서 하는 당당하고 판단력이 뛰어난 동생이었다.

4년간 투병하면서 형제들과 친구들이 걱정한다고 발병 사실을 철저하게 숨겼던 속 깊은 동생이었다. 2차 항암제 투약 전 퇴원해서 잠시 집에 머물 때 사후인사를 준비했다. 막냇동생에게 커다란 봉투를 전해주면서 내가 세상을 떠난 뒤에 뜯어보라고 당부했다고 한다. 내용물이 무척 궁금했지만, 누나의 뜻을 받아들여 누구에게도 이야기하지 않고 혼자만 알고 잘 간직하고 있었다고 한다. 그런데 병세가 심상치 않게 돌아가는 것을 직감하고 봉투를 개봉했다. 여동생이 저세상 사람이 되기 이틀 전의 일이다. 큰 봉투 안에는 신부님을 비롯하여 미혼 조카와 몇몇 형제자매들에게 각각 편지 봉투를 남겼다. 겉봉에 자필로 마지막 인사를 하면서 격려금을 동봉했다. 동생이 남긴 생의 마지막 글과 성의를 확인한 형제자매들은 목 놓아 울었다. 글을 읽지 않은 것만 못할 정도로 마음이 더 쓰렸다.

사랑하는 동생아!
가족 모여서 식사 한번 하길 바라.
고맙고 또 고맙다고 전해주오… 누나.

어머님은 아직도 여동생의 죽음을 모르신다. 미국에 장기간 체류할 것 같다고 형제들이 입을 맞췄다. 자식의 죽음을 어머니께 속이는 것이 너무 죄스럽고 안타깝다. 자식의 죽음을 까마득히 모른 채 여동생이 보고 싶다고 자꾸 찾으시는 어머니가 너무 안쓰럽다. 동생한테 연락은 왔느냐고 물으신다. 아무리 멀리 있어도 그렇지, 엄마한테 전화 한 통 없느냐고 서운해하신다. 손주도 보고 싶고 먹고살 여력이 충분한데 미국에 왜 갔는지 도저히 이해가 되지 않는다고 의구심을 품으신다. 그러면서 너무 보고 싶다고 하신다. 그런 말씀을 들을 때 가슴이 찢어질 것 같다.

막내 여동생이 죽고 1년 6개월 후에 집안에 또 다른 애사가 있었다. 첫째 여동생 아들이 돌연사로 세상을 떠났다. 의리 있고 남자답고 한 주먹 하는 멋있는 조카였다. 경미한 협심증 증상이 있었는데, 코로나 백신 접종 후 숨이 차고 흉통이 심해져 병원에서 약을 처방받아 복용 중이었다. 회사업무 수행 중 갑자기 저세상으로 떠났다. 첫째 여동생은 십수 년 전 남편을 여의고 큰아들까지 떠나보내는 불운을 맞았다.

2년 6개월 사이에 딸을 포함한 여동생과 생질 등 친족의 장례를 세 번이나 치르는 흔치 않을 일을 겪었다. 그러다 보니 주위에서 누가 죽었다는 연락이 와도 슬픈 감정이 크게 일어나지 않는다. 사람이 죽었다는데도 깜짝 놀라지 않게 된 것이다. 죽음을 대하는 태도가 무덤덤해졌다. 죽는 것은 슬픈 일이고 정말 안됐지만, 무엇보다 '어차피 죽는 인생'이라는 생각 때문에 그렇게 된 것 같다. 내 슬픔을 달래기 위한 자위책으로 '누구나 어차피 죽는다'라는 체념적 논리를 내세워 죽음을 심각하게 생각하지 않는 것인지 모른다. 나의 슬픈 처지를 벗어나려는 하나의 구실로 삼고 있는 것 같다.

 죽음에 대한 감정이 무뎌진 또 다른 이유는 주변 사람들의 잦은 부음으로 내성(耐性)이 생겼기 때문이라고 생각한다. 고난을 많이 겪은 사람일수록 큰일을 당해도 예사롭게 반응하고, 웬만큼 슬프지 않고서는 눈물을 흘리지 않는 경우가 많다. 만고풍상(萬古風霜)을 자주 겪은 사람은 일반적으로 인정과 감성이 메말라 냉정하고 매몰찬 모습을 보이는 경향이 있다. 환경이 사람의 생각과 태도 변화에 많은 영향을 미치기 때문이다. 구약 성경 로마서에서 "환난은 인내를, 인내는 연단(鍊鍛)을, 연단은 소망을 이룬다"고 했다.

 아우구스티누스(Aurelius Augustinus)는 "당신을 괴롭히고 있는 일들을 하나의 시련이라고 생각하라. 쇠는 달궈야 강해진다. 당신도 지금의 그 시련을 통해서 더 굳은 마음을 얻게 되리라"고 했다. 빅터 프랭클은 "고통이 크고 시련이 가혹할수록 그것은 우리에게 삶의 의미를 부여한다", "시련을 이겨내는 자체가 의미 있고, 시련을 이겨낸 우리는 그전보다 더 강인한 존재가 된다"고 했다. 많은 역경을 딛고 일어선 사람은 내면적으로 강해지기 마련이다. 고난과 시련은 사람을 성숙하게 만든다고 하지 않았던가?

 죽음 자체에 대한 태도는 냉정해졌지만, 유가족에 대한 공감(sympathy) 능력은 향상되는 것 같다. 동고의 감정이 더 강해지는 것 같다. 다른 사람의 아픔에 대하여 내가 그 사람의 입장이라면 지금 어떤 심정일까 상상해본다. 이제는 그 사람의 마음이 얼마나 쓰리고 아릴까를 어느 정도 짐작할 수 있게 되었다. 내가 큰 아픔을 겪기 전에는 남의 고통에 대하여 솔직히 피상적으로 느꼈다. 이제는 내가 아팠던 경험을 살려 남의 슬픈 처지를 십분 헤아릴 수 있게 되었다. 슬픈 일을 당한 유가족과 동고의 감정을 나누고, 그들의 슬픔과 고통 그리고 시련이 얼마나 크고 절실할지 충분하게 이해할 수 있게 되었다.

오래전 친구 아들이 미국 유학 중 교통사고로 세상을 떠난 일이 있었는데, 문상을 가지 않고 조의금만 보냈다. 당시에는 자식을 떠나보낸 친구의 슬픔과 고통을 제대로 공감하지 못했다. 지금 생각하니 너무 미안했다. 내가 자식을 앞세우고 보니 큰 슬픔을 당했던 그 친구에 대한 역지사지(易地思之) 자세가 생긴 것이다.

내가 주례를 섰던 친구의 아들이 40대 중반에 갑자기 뇌출혈로 세상을 떠났다는 슬픈 소식을 접하고 동고의 감정이 강하게 발동했다. 자식을 먼저 떠나보낸 그 친구가 지금 어떤 마음일까 충분하게 짐작할 수 있었다. 내가 먼저 자식을 앞세운 사실을 그 친구는 모르기 때문에 내가 겪어봐서 자네 마음을 알고 있다는 말은 차마 하지 못했다. 하지만 내가 직접 겪었던 아픈 심정을 그대로 담아 친구에게 위로의 말을 전했다. 장례를 마치고 고맙다고 연락하면서 나에게 진심으로 위로하는 마음을 느꼈다고 했다. 문상을 갔더니 친구 며느리가 십수 년 전에 주례를 섰던 나를 알아보고 영정사진이 결혼식 때 찍은 것이라고 하면서 울먹였다. 나도 눈물을 흘리지 않을 수 없었다. 친구의 어린 손자를 보니 너무 안쓰러웠다.

  나와 아주 가까웠던 분들이 세상을 자꾸 떠난다. 안타깝고 슬픈 일이 아닐 수 없다. 하지만 모든 사람은 예외 없이 죽는다. 인간은 언젠가 죽을 수밖에 없는 운명이다. 누구도 죽음을 이기거나 통제하거나 또한 비켜 갈 수 없다. 또한, 죽음이 언제 갑자기 나에게 닥칠지 아무도 모른다.

  로마 공화정 시절 개선식에서 유래했다는 "당신은 반드시 죽는다는 것을 기억하라(Momento Mori)"는 말이 있다. 죽음의 필연성을 알려주고 교만해지지 말라는 의미라고 한다. 키케로(Marcus Tullius Cicero)는 "죽음의 문제는 노인들에게만 국한되지 않고, 젊은 사람에게도 똑같이 존재한다"라고 하였다. 사람은 나이 불문 누구나 언젠가는 반드시 죽는다는 의미다. 누구나 어차피 죽는다면 평소 죽음에 대한 염려를 아예 붙잡아 매야 할 것이다. 피할 수 없는 죽음에 대하여 너무 과민하게 반응할 필요가 없을 것이기 때문이다. 미리 걱정한다고 해결될 문제가 더욱 아니다. 그 대신 내일을 위해서 한 그루의 사과나무를 심을 수 있는 여유 있는 자세로 살아가야 할 것이다. "피할 수 없으면 즐겨라"라는 말과 같이 죽을 때 죽을지언정 그 순간까지 최선을 다해서 열심히 그리고 재미나게 살았으면 좋겠다.

삶 속에
이미 포함된 죽음

    건강하고 행복하게 오래 사는 것은 축복받은 삶이다. 세상에 태어나 죽고 싶은 사람이 어디 있겠는가? 무병장수를 원하지 않는 사람은 하나도 없을 것이다. 인간은 오래전부터 불로장생(不老長生)을 꿈꿨어도 불멸성은 존재할 수 없는 것이 엄연한 사실이다. 인간을 포함해서 모든 생명체는 생로병사의 길을 반드시 걷는다.

  셸리 케이건은 "영생을 누려도 좋을만한 형태의 삶이 존재하는가?"라는 질문을 던졌다. 그러면서 "영생은 최고 형태의 삶이라고 할 수 없다. 영원히 갈망할만한 삶이라고 생각하지 않는다"라고 했다. 기억상실, 흥미, 목표, 욕망 등은 영생을 좋은 것으로 생각하게 할 수 있지만, 결국 삶은 지루한 것으로 변하고, 더 자극할만한 매력적인 삶이 있을까에 회의감을 나타냈다. 영생이 없는 삶은 누구에게든 예외 없이 적용되는 절대적인 평등이다.

  불교에서는 "삶과 죽음은 둘이 아니다(生死不異)"라고 한다. 노자(老子)가 주장한 "생사일여(生死一如)"와 같은 의미다. 장자(莊子)는 "삶이 있으면 죽음이 있고, 죽음이 있으면 삶이 있다(方生方死 方死

方生)"고 했다. 장자는 아내가 죽자 그 옆에서 "자연에서 왔다 자연으로 돌아간 것 아닌가?"라고 하면서 질그릇을 두드리며 노래를 불러 주위의 빈축을 샀다고 한다. 쇼펜하우어는 『의지와 표상으로서의 세계』에서 "죽음은 이미 삶 속에 포함된 것이다"라고 했다. 삶과 죽음은 분리할 수 없다. 삶과 죽음은 손바닥과 손등처럼 늘 함께 존재한다. 모차르트(Wolfgang Amadeus Mozart)는 "삶의 최종 목적은 죽음이다"라는 말까지 했다. 지상의 삶은 또 다른 어딘가의 영원한 사후 세계로 가는 짧은 여행이라는 의미라고 한다.

　죽음은 삶 속에 이미 포함되어있고, 삶의 목적이 죽음이라면 장수나 단명이나 그게 무슨 의미가 있을까 회의감이 들었다. 생과 사가 같은 것이라면 오래 살고 일찍 죽는 것에 대하여 크게 신경 쓸 필요가 없다는 생각이다. 신약 야고보서에 삶은 "햇빛이 조금만 비쳐도 금세 사라지는 한 줌의 안개에 지나지 않는다"라고 했다. 안개와 같이 곧 사라지는 인생인데, 몇 년을 더 살고 못 사는 것이 무슨 의미가 있겠는가? 아주 어릴 적 세상을 떠나는 사람도 있고, 한창 일할 젊은 나이에 죽는 사람도 있다. 그런가 하면 100세까지 장수하는 사람도 있다. 다만 얼마나 오래 살고 얼마나 일찍 죽느냐의 시간의 문제가 있을 뿐이다.

　딸을 포함해서 젊은 나이에 일찍 세상을 떠난 수많은 친척, 지인, 친구들을 하나하나 생각하면서 장수와 단명이 뭐 큰 대수냐는 생각을 하게 되었다. 딸의 죽음은 오래 살고 일찍 죽는 것이 크게 중요하지 않다는 믿음을 갖는 계기가 되었다. 출생은 반드시 사망을 동반하기 때문에 그 기간이 그리 중요하지 않다고 생각한다. 삶과 죽음을 한 닢의 동전에 비유한다면 생존 기간의 장단에 크게 신경을 쓸 필요가 없다는 생각이다. 장수와 단명에 너무 집착할 필요가 없을 것 같다.

또한, 삶 속에 죽음이 이미 포함되어있다면 죽음을 너무 두렵게 생각할 필요도 없을 것 같다. 죽음은 한 인간의 모든 것이 중단되기 때문에 사람들은 죽는 것을 무서워한다. 사람들이 불안과 공포에 떨고 겁을 먹는 것은 죽는 것이 두렵기 때문이다. 목숨을 내놓고 죽어도 좋다고 생각한다면 이 세상에 무서울 것이 뭐가 있겠는가? 죽음을 무릅쓴 사람, 생사를 초월한 사람, 죽기를 각오한 사람이 사실 가장 무서운 사람이다. 왜냐면 죽으면 모든 것이 끝나는데, 단 하나밖에 없는 생명을 걸기 때문이다.

나는 40도 안 된 딸을 하늘나라에 떠나보내고 죽고 사는 문제에 초연한 마음이 생겼다. 생사에 지나치게 연연하지 말자는 생각을 하게 되었다. 죽음이 옛날처럼 두렵지 않다. 딸의 죽음은 죽음에 대한 공포심이나 불안감을 떨치는 계기가 되었다. 삶과 죽음은 분리할 수 없고 동일 선상에 놓여있다면 죽는 것을 너무 겁낼 필요가 없다고 생각한다.

또한, 내일 당장 죽는다고 해도 땅을 치고 통곡하거나 운명을 탓하지 말고 겸허하고 품위 있는 자세로 받아들여야 할 것이다. 물론 '개똥밭에 굴러도 이승이 좋다'는 말이 있다. 좋은 세상 장수하면서 건강하고 행복하게 사는 것이 축복받은 삶이라는 데는 이론의 여지가 없다. 하지만 현재의 심정은 설사 죽을병에 걸리더라도 장담은 못 하겠지만 '올 것이 왔구나' 하는 식으로 담담하게 받아들일 수 있을 것 같다.

딸이 죽고 아내와 함께 「사전연명의료의향서」 등록을 마쳤다. 가족에게 하고 싶은 말과 간소한 장례 절차 그리고 제사나 미사 봉헌은 필요 없다는 등의 내용을 유언장으로 남겼다. 둘째 딸이 있는 제주도 봉안당에 아내와 내가 들어갈 자리도 이미 마련해놓았다. 사후를 준비하면서 오히려 마음이 차분하고 가볍고 담담했다. 절망감이나 허탈감보다는 모든 것을 내려놓으니 마음이 홀가분해졌다.

사람의 출생과 죽음은 내 마음대로 되는 것도 아니고 또한 누구도 피할 수 없는 숙명이다. 사람은 누구나 자신의 의지와 무관하게 이 세상에 태어났다. 또한, 내 선택과 상관없이 세상을 떠날 것이다. 내가 이 세상에 언제 태어날지 몰랐듯이 이 세상을 언제 어디서 어떤 형태로 떠날지 아무도 모른다. 생과 사는 인간의 뜻대로 되는 것이 결코 아니다. 쇼펜하우어는 『행복론과 인생론』에서 "당신이 죽은 후에 당신은 태어나기 전의 상태로 되돌아갈 것이라는 대답이 가장 적절하고 올바르다"라고 했다. 이어령은 「마지막 인터뷰: 죽음을 기다리며 나는 탄생의 신비를 배웠네」에서 "죽을 때 뭐라고 해요? 돌아가신다고 하죠. 그 말이 기가 막혀요. 나온 곳으로 돌아간다면 결국 죽음의 장소는 탄생의 그곳이라는 거죠"라고 말했다. 죽으면 태어난 곳으로 돌아가듯 탄생과 죽음은 결국 분리 불가한 것이다. 삶 속에 이미 죽음은 포함되어있기 때문이다. '생사불이'라면 죽음에 대하여 초연한 자세를 가졌으면 좋겠다.

사람 사는 게
다 그렇고 그런 것

딸이 죽고 나서 내 인생관이 많이 바뀌었다. 딸의 죽음은 삶의 방식과 태도를 바꾸는 계기가 되었다. 생활습관이나 생각을 바꾸는 것은 그리 쉬운 일은 아니다. 하지만 충격적인 사건을 직접 겪거나, 간접경험을 통하여 감동하거나, 교육과 훈련을 받거나, 특별하게 대오각성(大悟覺醒)하거나, 주위의 강력한 권유가 있거나, 나이 먹고 철이 들거나, 또는 우연한 기회에 그동안 살아왔던 방식과 태도를 바꾸게 된다.

나는 딸을 잃은 충격이 너무 커서 열심히 달려온 지난날이 모두 덧없고 허무하다고 생각하게 되었다. 허탈감과 냉소주의에 사로잡혀 삶에 대한 의욕과 흥미를 잃게 되었다. 지난 삶이 부질없고 별것 아니라고 생각한 것이다. 책 몇 권과 논문 몇 편 더 썼다고 그게 내 인생에 무슨 큰 의미가 있겠는가? 대학에서 학장과 대학원장을 지냈다는 것이 뭐가 그리 대수란 말인가? 아등바등 공세적으로 살아온 지난날에 대한 회의감과 희망과 꿈이 없는 미래에 대한 절망감 때문에 내가 이 세상에 더 존재해야 할 이유가 무엇인지에 대한 본질적인 의문까지 들었다. 그렇다고 내가 한 일이 모두 헛수고였다고 깎아내리거나 부정하는 것은 아니다. 누구나 열심히 노력하면서 최선을 다해서 살아야 하지만, 도전적으로 치열하게 살아온 지난날에 대한 회의감이 든 것이다.

딸의 죽음은 지난 일들이 모두 부질없고, 인생은 별것 아니라고 인식하는 계기가 되었다. 솔로몬 왕의 술회처럼 "헛되고 헛되니 모든 것이 헛되도다"는 말에 전적 공감하게 되었다. 헤밍웨이의 『노인과 바다』에서 어부 샌디에이고(Santiago)가 3일간 고투하면서 잡은 녹새치를 상어가 뜯어 먹어 쓸모없는 뼈만 앙상하게 남은 것을 보면서 느낀 심정도 헛되었다는 푸념이었을 것이다.

유럽을 제패했던 프랑스 황제 나폴레옹(Napoleon Bonaparte)은 "내 생애 행복한 날은 6일밖에 없었다"고 했다. 시각장애를 극복했던 헬렌 켈러(Helen Adams Keller)는 "내 생애 행복한 날은 단 하루도 없었다"고 고백했다. 젤딘에 의하면 중국 명나라 말기의 명망 있는 학자로 관직에서도 출세 가도를 달렸던 모기령(毛寄齡)은 묘비명에 "헛되이 살았도다"라고 끝을 맺었다고 한다.

아무리 권력이 막강한 황제가 되고, 일생을 약자를 위해서 헌신적으로 봉사하여 성인(聖人)의 반열에 오른 인물일지라도 자신의 삶에 대한 평가는 다르다는 것을 보여준다. 남들이 기대하는 것과 자신의 삶에 대한 주관적인 판단은 다를 수 있다. 그들도 결국 삶을 정리할 즈음에 지난날이 '헛되었다'고 깨달은 것이 아닌가 싶다.

딸을 잃고 사람 사는 것이 다 '그렇고 그런 거(It is what it is)'라서 조금 일찍 세상을 떠난다고 서러워하거나 원망할 필요가 없다는 생각을 한 것이다. 인생살이 오십보백보다. 사람 사는 데 뭐 그렇게 신기하고 특별한 게 있겠는가? 다시 태어나도 누구나 잠자고, 먹고, 일하고, 땀 흘리고, 사랑하고, 미워하고, 아프고, 다투면서 사는 것이 일상(日常)이고 그렇게 살다가 가는 것이 인생이 아니던가? 아무리 특별하려고 해도, 또 아무리 발버둥 치더라도 인간의 한계와 굴레를 벗어날 수 없을 것 같다.

인생은 늘 기쁜 것도, 늘 슬픈 것도 아니다. 24시간 행복한 사람도 24시간 불행한 사람도 없다. 금수저로 태어나 평생 호의호식하면서 즐겁게 사는 사람일지라도 고민과 문제가 전연 없는 것은 아닐 것이다. 반대로 흙수저로 태어나 생계의 위협을 받으면서 고생이 심해도 그들 또한 즐겁고 행복한 삶이 있게 마련이다. 크게 성공한 사람이나 실패한 사람 모두 행복한 순간과 불행한 일을 동시에 겪게 된다.

행복과 불행도 각각 한 사람에게만 편중되어있으란 법도 없다. 행복과 불행은 누구에게나 골고루 분배되어있다. 이런 면에서 인간은 공평하게 창조된 측면이 있다. 아사다 지로(浅田 次郎)는 『칼에 지다』에서 "인생에서 행복과 불행의 무게는 똑같거든. 신은 그런 식으로 한 사람 한 사람의 인생을 정확히 안배해주셔. 넌 어렸을 때 불행했으니까 앞으로 반드시 그 불행의 크기만큼 행복해질 거야"라는 말과 같은 맥락이다.

니체는 『차라투스트라는 이렇게 말했다』에서 "모든 것은 가고 모든 것은 되돌아온다. 존재의 수레바퀴는 영원히 굴러간다. 모든 것은 죽고, 모든 것은 다시 꽃피어난다. 존재의 세월은 영원히 흘러간다. 모든 것은 꺾이고 모든 것은 새로이 이어간다.… 모든 것은 헤어지고 모든 것은 다시 인사를 나눈다"고 했다. 그렇다. 돌고 도는 것이 인생이다. 윤회(輪回)란 범어(梵語) '삼사라(Samsâra)'의 번역으로 '흘러 맴돈다'는 의미라고 한다. 모든 것은 흐르고 움직인다. 죽는 사람도 있고 태어나는 사람도 있다. 죽고 태어나는 일이 연쇄적으로 반복되는 것이 인간 세상 아니겠는가?

딸이 죽고 절망감에 빠져서 '사람 사는 세상 다 그렇고 별게 아니라'는 사실을 깨달았다. '사람 사는 게 다 그런 거'라는 현실을 받아들이는 계기가 되었다. 솔직히 삶에 대하여 모든 것이 헛되다는 냉소적이고 시큰둥한 생각을 가지게 된 것이다. 삶이 헛되다는 체념적 인식은 삶을 비관하거나 부정하는 것은 아니다. 사람 사는 세상에 뭔가 특별한 게 있을 것이라는 큰 기대를 걸지 말라는 의미다. 지금과는 전혀 색다른 딴 세상, 그동안 인류가 듣거나 보지도 못했던 매력적이고 흥미진진한 새로운 세상이 펼쳐질 것이라는 꿈을 접으라는 것이다. 이는 어떤 면에서는 삶에 매우 긍정적인 요인으로 작용할 수 있을 것이다. 왜냐하면 인간 세상에 대한 기대치를 낮추고 모든 욕망을 내려놓고 마음을 비우는 기회가 될 수 있기 때문이다. 많은 것을 버리면 마음이 무척 편해지는 법이다. 삶에 대한 큰 기대를 걸지 않으면 실망도 없을 것이다. 그렇고 그런 인생길이지만 낙담하지 말고, 아주 특별한 세상을 꿈꾸지도 말며, 보통 사람으로 그냥 평범하게 살았으면 좋겠다.

인생은 하나의 짧은 에피소드

딸 YJ가 할머니와 통화하는 목소리를 귓전으로 들은 지 불과 두 시간 후에 딸은 내 곁을 영원히 떠났다. 막내 여동생과는 호스피스 병원으로 옮기던 날 오전에 간단한 대화를 나누고 오후 늦게 헤어졌는데, 다음 날 여동생은 불귀의 객이 되었다. 처남은 공항에서 헤어지고 하루도 지나지 않아 사고로 저세상 사람이 되었다. 살아있던 사람이 헤어지고 나서 몇 시간 만에 세상을 떠나는 일이 생긴다면 얼마나 황당하겠는가.

임종실에서 의식 없이 가쁜 숨만 몰아쉬면서 죽음의 문턱을 넘어가는 사람의 마지막 모습을 보는 것은 뭐라고 표현할 수 없을 정도로 허탈하고 황망하다. 임종은 인간 삶의 마지막 과정이다. 셸리 케이건은 "우리는 다른 사람과 식사를 하고 휴가를 즐기고, 음악을 들을 수는 있지만, 함께 죽지는 못한다. 모든 인간은 홀로 죽는다. 그 누구도 네가 세상을 떠나는 여행에 함께할 수는 없다"고 했다. 누구나 영원히 회귀할 수 없는 길을 홀로 외롭게 떠나야 한다. 한 인간이 혼자 쓸쓸하게 종말을 맞는 순간을 지켜보면서 사는 것이 무엇인지,

인생은 참 허무하다는 생각을 하게 된다.

임종 과정에 있는 사람에게는 아무리 가까운 가족이라도 기도 이외에 해줄 수 있는 것이 하나도 없다. 안타까운 일이 아닐 수 없다. 기도와 축원은 신앙인만이 할 수 있는 것은 아니다. 신비로운 숭배의 대상이 없는 비신앙인도 그 무엇인가에 의지하는 종교적인 행동을 하게 된다. 절체절명의 위기를 맞거나 복잡한 문제에 직면하면, 특히 사랑하는 가족이 위독하여 사경을 헤매게 되면 누구나 종교적인 인간이 된다. 신앙과 무관하게 숭배나 신비의 대상이 무엇인지 정확하게 모르지만 간절한 소망을 담아 쾌유를 빌고 살려달라고 두 손 모아 애원하는 것이 인간의 기본적인 속성이다. 무엇인가 초월적인 힘에 의지하면서 위기를 벗어나게 해달라고 간절하게 비는 것은 특정 종교를 믿는 신앙인이 아니더라도 누구나 할 수 있는 일이다. 하늘나라에 가기 전 외롭게 투병하고 있는 가족에게 기도 이외에 할 수 있는 것이 아무것도 없다.

정재현은 "참으로 절실하고 간절한 염원을 기도에 담는 것은 불가피하다. 절박한 상황에서 간절하게 비는 기도가 과연 잘못된 것일까?"라고 반문하면서 "기도하는 것은 우리의 힘으로 어찌할 수 없는 절박한 상황에서 우리보다 훨씬 큰 힘에 도와달라고 호소하는 지극히 본능적인 행동"이라고 했다. 기도는 신앙인들만의 전유물이 아니다. 유한성의 한계를 뛰어넘지 못하는 인간은 누구나 종교적인 성향이 있다. 그런 맥락에서 비신앙인도 진심을 담아 기도하고 축원하면서 위로를 받게 된다.

죽음 앞에서는 그야말로 속수무책이다. 오직 발만 동동 구를 뿐이다. 싸늘하게 식어가는 손과 발을 어루만지며 얼굴을 쓰다듬고 귀에 대고 '사랑한다'는 말로 작별을 고한다. 그렇지만 '잘 가라. 편안하게 쉬어라'는 말은 차마 입 밖에 나오지 않는다. 임종실에 있던 여동생에게 아내가 귀에 대고 "고모 우리 곧 만나"라고 말을 하니 의식이 없는 가운데도 눈물을 흘리고 손가락을 약간 움직이는 모습을 보였다. 임종을 맞이하는 사람을 위해서 할 수 있는 것이 극히 제한된 가운데, 얼음장같이 차갑게 식어가는 손발을 잡아주는 것이 고작 산 사람이 할 수 있는 마지막 배려이다.

가족이나 가까운 사람이 숨을 거두고 꼼짝 않고 누워있는 모습과 승화원에서 한 줌의 재로 변한 유골을 보면서 인생 참 허망하다는 생각을 하게 된다. 40대 후반에 세상을 떠난 생질의 얼굴을 어루만지면서 작별 인사를 할 때 사는 게 이런 것인가 허탈감에 빠지지 않을 수 없었다. 승화원에서 화장이 끝난 딸의 유골을 보면서 이것이 현실인지 도저히 믿어지지 않았다. 딸의 유골 앞에 서있는 것이 내가 맞는지, 저 유골이 진짜 사랑하는 딸의 것인지 꿈을 꾸는 것 같았다. 딸의 육신은 오간 데 없고, 나에게 마지막으로 보여준 한 줌의 유골은 나를 어리둥절하게 만들었다. 정말 기가 막혔다. 딸의 유골함을 받아 드는 순간 아찔해서 정신을 잃을 뻔했다.

사람이 죽으면 2~3일 내 한 줌의 재가 되거나 땅속에 묻히고 만다. 죽으면 며칠 내로 장례 절차가 마무리되어 이승과 영원한 하직을 고하는 의식이 마무리된다. 새 생명이 태어나는 것은 희망과 기쁨이지만, 세상을 영원히 떠나는 사람들의 마지막 모습을 보면서 인생이 덧없음을 느끼게 된다. 숨을 멈추고 싸늘하게 식어있는 시신 앞에서 '인생은 참 별것 아닌데'라는 생각을 하게 된다. 죽은 사람의 모습을 직접 목격하는 일이 잦아지면서 정신적으로 조금씩 성숙해져가는 것 같다.

어렸을 적에는 시신을 보는 것이 무서웠다. 지나가는 장례행렬만 봐도 무서워서 외면하거나 피해서 도망쳤다. 행상(行喪)을 보관하는 집을 지날 때는 '나 살려라' 뒤도 돌아보지 않고 앞만 보고 달렸던 기억이 있다. 하지만 내 곁을 떠나는 가족과 친지 그리고 가까운 친구들의 시신과 유골을 볼 기회가 잦아지면서 그런 일이 두렵거나 의도적으로 피할 정도로 몸을 사리지 않게 되었다. 산 사람이 해코지하지 죽은 사람이 위협적인 존재가 될 수 없는데 무서워한 것은 참 이상한 일이었다. 아마도 귀신이 있다고 생각했던 것 같다.

임종 과정을 여러 차례 직접 지켜보면서 삶과 죽음에 대하여 다시 생각해보는 기회가 되었다. 한 사람의 삶이 송두리째 끝나는 마지막 순간을 확인하면서 인간의 한계와 무력함을 느끼게 된다. 죽음을 이길 방법이 없기 때문이다. 그래서 주검 앞에는 누구나 머리를 숙이게 되고 숙연한 가운데 겸손해진다. 짧고 덧없는 인생인데 얼마나 오래 살겠다고 아등바등, 아웅다웅, 지지고 볶고, 다투고 미워하고, 시기하고 질투하면서 발버둥 쳤는지 뒤돌아보게 된다. 한번 살고 영원히 세상을 떠나는 사람의 마지막 순간을 보는 것은 커다란 충격과 슬픔 그 자체지만 자신의 지난 삶을 되돌아보면서 앞으로 어떻게 살아가야 할지 다시 생각해보는 기회가 된다. '그동안 이렇게 살아왔는데, 앞으로는 저렇게 살아가야지'라고 다짐하는 계기도 된다.

그렇다면 죽는 것이 나쁘기만 한 것인가? 일반적으로 사람에게 일어날 수 있는 가장 불행한 최악의 일은 죽음이라고 생각한다. 셸리 케이건은 "살아있다면 얻을 수 있는 삶의 좋은 모든 것들을 박탈해 버리기 때문에 죽음은 나쁜 것"이라는 박탈이론을 소개하고 있다. "누군가 죽을 때 우리는 더 이상 그 사람을 만날 수 없다. 함께 이야기를 나눌 수도 없다. 시간을 보낼 수도, 영화를 볼 수도, 웃을 수도 없다. 그 사람이 세상을 떠나는 순간, 모든 교류의 가능성이 막혀버린다." 그렇다. 죽음은 인간의 모든 것을 빼앗아가기 때문에 나쁜 것이고 그래서 가슴이 아픈 것이다. 죽으면 한 인간의 존재는 완전히 소멸된다. 인간에게 부활의 기적은 불가능한 일이기 때문에 죽는 것이 이 세상에서 가장 슬프고 가장 나쁜 일이 아닐 수 없다.

하지만 "죽음은 끝이 아니고 새로운 시작"이라고 믿는 사람에겐 나쁜 것이 아닐 수 있다. 셸리 케이건이 말한 "영혼은 물질적인 존재인 육체와 정반대편에 서있는 비물질적 존재"라는 이원론을 믿는 사람은 죽음이 꼭 나쁘다고 생각하지 않을 것이다. 사후 세계를 믿기 때문이다. '육체적인 죽음은 모든 것의 끝'이 아니고 '또 다른 영혼의 세계가 있다'고 믿기 때문에 죽음을 받아들이는 자세가 다르다. 종교인들은 영혼을 매우 중요하게 인정하지만 나는 육체와 영혼이 서로 분리되어있다는 이원론적 입장을 지지하지 않는다. 셸리 케이건은 "영혼과 육체가 긴밀하게 연결되어있다면, 죽음이란 그 연결고

리를 끊어버리는 사건이다. 육체가 사라지만 영혼에 더 이상 아무런 자극을 주지 못한다. 그리고 영혼은 더 이상 육체를 조정하거나 명령을 내릴 수 없다"는 물리주의를 소개하고 있다. 나는 이원론보다는 물리주의를 지지한다.

  죽음학(Thanatology) 연구자 중에는 사후생(死後生)을 믿는 사람이 많다. 죽음에 관하여 많은 연구와 강연을 수행하고 있는 정현채는 『우리는 왜 죽음을 두려워할 필요가 없는가』에서 "사후 세계가 있다는 것을 증명할 수 있다"고 주장한다. 영혼 불멸을 믿는다. "죽음의 실체는 소멸이 아니라 옮겨감이다"라고 생각한다. 하지만 나는 임사체험(near death experience)이나 종말체험(deathbed visions) 경험자 중 "사후 세계가 없다"라고 주장하는 사람들의 입장을 지지한다. 그리고 "임사체험은 한 뇌에서 만들어낸 환상일 뿐이다"라는 의견에 공감한다.

  죽음을 누구도 경험할 수 없지만, 나는 "죽음은 삶의 끝"이라고 단순하게 생각하고 있다. 육해공 3군 통합본부인 계룡대 건립 때문에 선산이 수용당하여 돌아가신 지 300년이 넘은 공주병사(公州兵使)를 지낸 할아버지의 산소를 이장하지 않을 수 없었다. 파묘하니 할아버지 육신이 완전히 삭았고, 아주 작은 조각의 유골과 노랗게 바랜 머리카락만 남아있었다. 죽으면 한 줌의 흙으로 돌아간다는 사실을 목격할 수 있었다. 그러면서 할아버지의 영혼은 지금 어디에 계실까 궁금했다. 죽으면 삶이 끝나고 영혼도 사라져 아무것도 아니라고 생각하는 기회가 되었다.

쇼펜하우어는 『행복론과 인생론』에서 "우리 인생은 하나의 짧은 에피소드(Episode)에 불과하다"라고 했다. 인생을 어떤 주제나 줄거리 사이에 삽입되는 아주 짤막한 이야기쯤으로 본 것이다. 또한, "인생은 일장춘몽(一場春夢)"이라고 했다. 인생을 한바탕 꿈을 꿀 때처럼 흔적도 없이 사라지는 봄밤의 꿈과 다름없다고 이해한 것이다. 인생은 영고일취(榮枯一吹)란 말도 있다. 인생이 꽃피고 시드는 것은 밥 짓는 순간같이 덧없고 부질없다는 의미다.

『햄릿』 제4장에서 유령이 등장하여 햄릿에게 따라오라고 손짓하자, 친구인 호레이쇼(Horatio)가 "가시면 안 됩니다"라고 말리니까 햄릿은 "아니, 두려울 게 뭐가 있는가? 바늘 하나 가치도 없는 이 목숨"이라고 했다. 귀한 사람의 목숨을 바늘 하나의 가치도 안 되는 매우 하찮은 것으로 생각한 것이다. 이해인 수녀는 「인생은 구름이고 바람인 것을」이란 시에서 "청춘도 한 번 왔다 가고 아니 오며, 인생 또한 한 번 가면 되돌아올 수 없으니, 이 어찌 바람이라 구름이라 말하지 않으리오"라고 했다. 인생을 뜬구름처럼 덧없다는 부생약몽(浮生若夢)이라고 노래한 것이다.

인생은 짧다. 수억만 년의 우주의 역사와 비교하면 눈 깜빡하는 순간이다. 나는 애지중지하던 젊은 딸을 앞세우고 인생은 해가 뜨면 금세 사라지는 안개에 지나지 않는다는 사실을 절실하게 깨달았다. 딸을 잃고 '인생은 하나의 짧은 에피소드'라는 말에 전적 공감하게 되었다. 딸이 죽으면서 나에게 삶과 죽음에 대한 의미를 새롭게 깨우쳐주었다. 딸이 세상을 떠나면서 아빠에게 남긴 값진 선물이라고 생각한다. 그렇다면 나의 여생을 어떻게 살아가야 할 것인가?

　무엇보다 지난 나의 삶과 미래의 삶을 사랑하려고 한다. 쇼펜하우어는 "침울한 사람은 열 가지 계획 중 아홉 가지에 성공하더라도 이 아홉 가지에 대해 기뻐하지 않고 그 한 가지 실패한 것에 화를 낸다. 명랑한 사람은 한 가지 일에 성공한 것으로도 자신을 위로하고 유쾌한 기분을 가질 줄 안다"라고 했다. 니체도 갖은 병마에 시달리면서 삶을 저주했지만 험난한 운명을 긍정하고 더 나아가 자기 자신의 삶을 사랑했다. 자신을 인간으로서 스스로 존경하고 존중하고 사랑하라고 강조했다. 그렇다. 자신의 삶을 부정하고 저주하고 원망하는 것보다 사랑하는 마음을 갖는 것이 무엇보다 중요하다. 내가 내 삶을 사랑하지 않는데 누가 나를 사랑해주겠는가?

　다음은 가능하면 많이 웃으면서 살아가려고 한다. 리처드 라이더는 18세기 프랑스 시인 세바스티앙 샹포르(Sebastian Chamfort)의 말인 "가장 황량한 날이란 한 번도 웃지 않았던 날"을 소개하면서, "사람들은 하루에 대략 15번 웃는다"고 했다. 하루에 즐겁고 신이 나서 웃었던 시간이 많을수록 행복하게 사는 것 아니겠는가? 살면서 기쁨을 맛본 시간이 많을수록 행복한 삶이라고 볼 수 있을 것이다.

　오츠 슈이치는 "부정적인 감정에 얽매여 평생을 허비하면 돌아오는 것은 후회뿐"이라고 했다. 또한 "화내고, 울고, 웃어도 인생의 시계는 흘러간다. 어차피 흘러가고 지나가는 게 인생이라면 좀 더 웃고 사는 게 낫지 않을까"라고 했다. 기왕에 사는 것 잃었던 웃음을 되찾도록 노력하고자 한다. 내 의지와 무관하게 뜬구름처럼 사라지는 덧없는 외길 인생에서 좀 더 웃으면서 즐겁게 살려고 한다. 딸을 하늘나라에 보내고 무엇이 좋아서 희희낙락할 수 있겠는가? 평생 딸을 가슴에 묻고 살아가야 할 기구한 신세가 되었지만, 현실을 그대로 받아들이고 슬픔과 고통을 잘 견뎌내면서 즐겁게 살아가도록 노력하고자 한다.

마지막으로 참회와 속죄하는 자세로 나보다는 남을 위해서 살아가려고 한다. 딸을 잃은 통한과 죄책감에 나는 죽고 싶을 정도로 힘들었다. 죽음의 파도를 넘으면서 나의 모든 것을 다 내려놓았다. 나는 이제 더 바랄 것이 없다. 미련도 없다. 오직 나보다는 남아있는 가족만을 생각하면서 살자는 단순한 목표를 세웠다. 그리고 나보다 훨씬 더 힘들고 더 어려운 이웃을 사랑하고 보살피고 더 좋은 일 하면서 더 착하게 여생을 보냈으면 좋겠다.

하늘나라에 있는 딸에게

YJ야… YJ야… YJ야~!
어제도 오늘도 네 이름을 애타게 불러보았다
내일도 또 헤아릴 수 없이 목 놓아 부르겠지
너는 어디에서 뭘 하고 있길래
아빠가 부르는데 왜 아무런 대답이 없니
아부지 하면서 왜 냉큼 달려오지 않니
알라뷰 하면서 왜 내 품에 와 안기지 않니

날마다 내 머리는 온통 네 생각으로 넘쳐난다
너 이외에 그 어떤 것도 비집고 들어올 틈새가 없구나
네가 언제쯤 내 뇌리에서 떠날 수 있겠니
아마도 내가 세상을 등지기 전에는 힘들겠지
그때까지 나는 너를 가슴에 묻고 눈에 넣고
슬픔에 겨워 눈물지으면서 살아갈 수밖에 없겠지

늘 우리 아부지 최고라며
아빠 없이 살 수 없다던 너였는데
이제는 내가 너 없이 살아야 하는 허수아비가 되었다
너 없는 세상 무슨 희망과 낙으로 살아갈까
'너'라는 나무의 큰 몸통 한 줄기 갑자기 부러지니
금세 모든 이파리 다 떨어지고
나는 아무짝에도 쓸모없는 고주박이 되었네

너를 영영 볼 수 없다는 게 꿈이었으면 좋겠다
그런데 가혹한 현실이 되고 말았구나
부녀간의 천륜이
이승에서 이렇게 허망하게 끝날 줄이야
너무 슬프고 야속하고 안타깝구나
내 팔자가 기구하고 한스럽고 원망스럽구나

너를 더 많이 사랑하고
너를 더 많이 보살피고
너를 더 많이 이해하고
너에게 더 많은 것을 베풀지 못했다
무능한 아빠 무책임한 아빠
별 볼 일 없었던 그저 그런 아빠였다고
미워하지 말아다오

자랑스럽던 너를 지켜주지 못했다
아파서 몸서리치던 너를 구해주지도 못했다
나는 평생 씻을 수 없는 큰 죄를 지었다
너무 미안하다
많이 부족했던 아빠가 통한에 사무쳐
참회와 속죄의 마음으로 용서를 빈다

아빠도 머지않아 네 곁으로 가겠지
그때는 부르지 않아도 금세 달려와
아부지 알라뷰 하면서 내 품에 안기려나

네가 너무 그립고 너무 많이 보고 싶구나
고통 없는 하늘나라에서 편히 쉬어라
YJ야~! 사랑한다